Alle Tipps und Informationen in diesem Buch sind sorgfältig ausgewählt und geprüft. Dennoch können weder Urheber noch Verlag eine Garantie übernehmen. Eine Haftung für Personen-, Sach- und Vermögensschäden ist ausgeschlossen.

5 4 3 2 1   22 21 20 19 18
ISBN 978-3-649-62847-7
© 2018 Coppenrath Verlag GmbH & Co. KG,
Hafenweg 30, 48155 Münster, Germany
CH: Baumgartner Bücher AG,
Centralweg 16, 8910 Affoltern a. A.
Alle Rechte vorbehalten, auch auszugsweise
Text: Sascha Ott
Fotos: Ralf Bauer
Illustrationen: Lucie Göpfert, Erklär-Roboter: Anne Sent
Redaktion: Karoline Snoek
Satz: Alexander Nuißl
Printed in Latvia

www.coppenrath.de

Dr. Sascha Ott

DR. OTTs
VERBLÜFFENDE EXPERIMENTE

45 Ideen für kleine **Forscher** ab 5

Mit Illustrationen
von Lucie Göpfert

COPPENRATH

LOSGEHT

INHALT

Hallo, Forscher! 10
Regeln & Tipps 12

DIE EXPERIMENTE

Unsichtbar und trotzdem da:
Luft ist nicht nichts 16
Die Taucherglocke 18
Bärenstarke Luft.. 20
Clevere Puste 22

Jetzt geht's richtig rund:
Entdeckt die Freuden der Fliehkraft.... 24
Das Murmel-Karussell 26
Der Lasso-Aufzug 28
Der trockene Looping 30

Per Rückstoß hoch ins All:
Was Raketen in Schwung bringt........... 32
Der Wasserwirbel 34
Der Rennwagen-Föhn 36
Die Ballon-Rakete 38

Die unsichtbare Wasserhaut:
Was Oberflächenspannung bewirkt 40
Schwimmendes Metall 42
Luft gegen Wasser.. 44
Das wasserdichte Tuch 46

Alle Eier steigen hoch:
Auftriebskraft lässt Dinge schweben ..48
Das schwebende Ei....................................... 50
Rasende Rosinen... 52
Streichholz-U-Boot in der Flasche 54

Coole Cola: Clevere Tricks
mit dem braunen Zuckerzeug 56
Ist Cola „light" leichter?............................58
Der Cola-Vulkan 60
Klar wie Cola 62

Quetschdosen & tanzende Münzen:
Wärmeausdehnung zeigt Wirkung 64
Der Flaschengeist... 66
Der Dosen-Crash 68
Der Kerzen-Aufzug.......................................70

Achtung, wir heben ab:
Warme Luft steigt nach oben 72

Die Teebeutel-Rakete 72

Das Kerzen-Duell.. 74

Der Toaster-Ballon 76

Ein echter Überlebenskünstler:
Der unzerstörbare Luftballon 80

Der durchstochene Ballon 82

Der Fakir-Ballon...84

Der Kühler-Ballon... 86

Fliegen, flattern, schweben:
Warum Flugzeuge abheben.................. 88

Ein Blatt hebt ab.. 90

Der schwebende Ball 92

Monster-Puste 94

Es werde Licht:
Warum das Internet so schnell ist 96

Der zerstückelte Regenbogen 98

Die Papp-Lupe 100

Gebogenes Licht 102

Unsichtbare Anziehung:
Magnete kann man selber machen..... 104

Die magnetische Nadel.............................. 106

Der schwimmende Kompass...................... 108

Vom Nagel zum Magneten........................110

Ohren auf, die Luft schwingt:
Die erstaunliche Welt der Töne...........112

Die Ballon-Sirene.. 114

Die Flaschen-Orgel 116

Der tanzende Strohhalm 118

Flugdrachen & Wasserkurven:
Elektrische Ladungen geben euch

magische Kräfte 120

Die volle Ladung..122

Die magische Folie......................................124

Gebogenes Wasser 126

Es knistert und brizzelt:
Ungewöhnliche Stromkreise 128

Strom aus der Zunge 130

Die knisternde Gurke..................................132

Die Bleistift-Leuchte 134

Glossar 138

HALLO, FORSCHER!

Toll, dass ihr da seid! Dann können wir ja gleich loslegen. Wir haben viel vor: Wir starten eine Rakete und testen, wie ein U-Boot funktioniert. Wir lassen einen Heißluftballon steigen und einen Vulkan ausbrechen. Wir zaubern einen Regenbogen und machen einen Elektromagneten ... Zusammen begeben wir uns auf eine Reise kreuz und quer durch die Welt der Wissenschaft!

WARUM WISSENSCHAFT UND TECHNIK?

Ist euch schon mal aufgefallen, wie viel Technik euch im Alltag begegnet? Natürlich wisst ihr, dass Handys und Computer, ferngesteuerte Autos und Kaffeeautomaten voller cleverer Technik stecken. Aber auch viele einfachere Geräte sind oftmals ganz erstaunlich: Habt ihr euch schon mal gefragt, warum ihr mit einem Nussknacker selbst die härteste Nuss geknackt kriegt? Und wie das eigentlich funktioniert? Ein wichtiger Weg, um unsere Welt zu verstehen, ist, Wissenschaft und Technik zu verstehen.

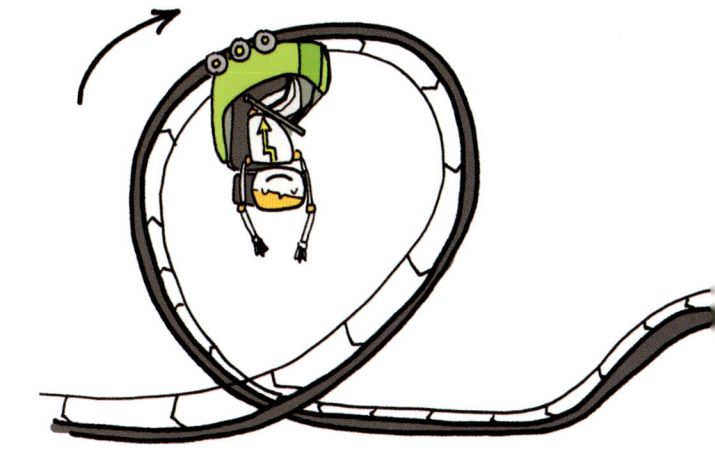

WARUM EXPERIMENTE?

Natürlich könnt ihr viele kluge Bücher lesen, um die Welt der Technik besser zu verstehen. Ihr könnt auch Filme anschauen oder euch etwas von Erwachsenen erklären lassen.

Aber am besten ist: selbst ausprobieren. Ihr wollt etwas begreifen? Dann müsst ihr es mit den Händen „be-greifen"! Denn was ihr selbst in einem Experiment erlebt habt, versteht ihr viel leichter. Und ihr behaltet es auch viel länger in Erinnerung.

WARUM DIESES BUCH?

Alle 45 Experimente in diesem Buch funktionieren mit ganz einfachen Materialien, die ihr meistens sowieso schon zu Hause habt. Am Anfang jedes Kapitels findet ihr eine Liste der Dinge, die ihr für die drei Experimente des Kapitels braucht. Diese Experimente bauen aufeinander auf: Ihr fangt mit etwas Einfachem an und taucht dann immer tiefer ein ins Thema. So könnt ihr ohne großen Aufwand viel ausprobieren, erleben und lernen.

ALSO: LOS GEHT'S!

REGELN & TIPPS

Gleich geht´s los! Ihr verwandelt eure Küche in ein Forscherlabor. Aber ein richtiges Labor braucht auch richtige Regeln. Damit die Experimente klappen. Und damit ihr euch nicht wehtut oder etwas kaputtgeht. Und vor allem: damit das Experimentieren richtig Spaß macht! Seid ihr bereit? O.K., dann sind hier

10 GOLDENE LABOR-GESETZE

❶ Erst lesen, dann experimentieren!
Lest euch erst ganz in Ruhe durch, wie das Experiment funktioniert und was passieren wird.

❷ Hier gibt´s nix zu futtern!
Essen und Trinken haben in eurem Labor nichts zu suchen. Kekse und Kakao gibt's später.

❸ Rettet den Labortisch!
Bei manchen Experimenten wird ein bisschen herumgematscht. Deckt den Labortisch vorher mit Folie oder einer alten Zeitung ab.

❹ Behaltet den Überblick!
Es soll nur das auf dem Tisch liegen, was ihr für euer Experiment braucht.

❺ Immer mit der Ruhe!
Wenn ihr zu mehreren experimentiert, legt vorher fest, wer welche Aufgabe übernimmt. Das Experiment gelingt nicht, wenn ihr drängelt, euch im Weg steht oder Dinge wegnehmt. Also immer der Reihe nach.

❻ Ein Herz für Erwachsene!
Auch eure Eltern müssen noch viel lernen. Sie sind zwar schon viel älter als ihr, aber sie wissen auch nicht alles. Die meisten Dinge in diesem Buch kennen sie selbst nicht. Vielleicht lasst ihr sie ein bisschen mitmachen?

❼ Vorsicht, spitz und scharf!
Das kennt ihr schon von anderen Basteleien. Aber trotzdem: Seid bitte immer vorsichtig, wenn ihr mit Messer, Schere, Nadeln oder Heftzwecken experimentiert.

❽ Vorsicht, heiß!
Seid besonders vorsichtig bei Experimenten mit elektrischen Geräten wie Toaster, Herd oder Föhn. Vorsicht beim Ein- und Ausstöpseln des Steckers! Und Finger weg von allen Stellen, die heiß werden. Passt auch immer auf, wenn ihr Feuer benutzt für euer Experiment.

❾ Zeigt her eure Hände!
Nach dem Experimentieren gilt, genau wie vor dem Essen: Hände waschen nicht vergessen!

❿ Nach dem Labor ist vor dem Labor!
Wenn ihr fertig seid, räumt alle Materialien wieder dahin, wo sie hingehören. Es gibt keine gute Labor-Fee, die das übernimmt.

Im Labor gibt es nicht nur Verbote. Richtig Spaß macht das Experimentieren nur, wenn ihr richtig in die Forscher-Welt eintaucht. Denn in eurem Labor gelten auch

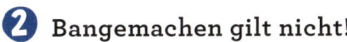

3 GROSSE FORSCHER-FREIHEITEN

1 Ihr seid die Chefs!
Wenn Erwachsene oder ältere Kinder mit euch experimentieren, kann es passieren, dass sie euch die Dinge aus der Hand nehmen wollen, um euch mal zu zeigen, „wie man das richtig macht". Nix da, ihr könnt das!

2 Bangemachen gilt nicht!
Manchmal hört sich die Anleitung eines Experiments kompliziert an, und ihr habt vielleicht Angst, dass es schiefgeht. Kein Problem! Es muss nicht alles gleich beim ersten Mal gelingen.

3 Neugier siegt!
Wenn ein Experiment gut geklappt hat, ist es noch nicht vorbei. Jetzt geht das Forschen erst richtig los. Was passiert, wenn ihr das Experiment verändert oder andere Materialien benutzt? Oder vielleicht möchtet ihr mehr über U-Boote, Raketen und andere tolle Technik erfahren, die im Experiment eine Rolle spielt. Fragt einfach einen Erwachsenen, ob er mit euch im Internet nach weiteren Informationen sucht. Es gibt immer noch etwas Neues zu entdecken!

DENKT IMMER DRAN:

Wenn ihr unsicher seid und Hilfe braucht, dann bittet einen Erwachsenen um Rat und lasst euch assistieren!

MENTE

UNSICHTBAR UND TROTZDEM DA

LUFT IST NICHT NICHTS

„Der ist Luft für mich!" Habt ihr diesen Satz schon mal gehört? Man sagt das, wenn man jemanden ganz und gar nicht beachtet, so als würde er gar nicht existieren. Dabei ist Luft etwas, das man sehr wohl beachten muss. Sie kann schwer wiegen wie ein Auto, bärenstarke Kräfte entwickeln und lässt sich keinesfalls einfach so beiseiteschieben. Diese Experimente zeigen euch die erstaunlichen Fähigkeiten eines allgegenwärtigen Stoffes: Luft!

WAS BRAUCHT IHR?

★ ein scharfes Messer
★ eine Plastikflasche (z. B. eine 0,5-l-Getränkeflasche) mit Deckel
★ eine große Schüssel
★ Wasser
★ zwei Bögen Zeitungspapier
★ ein Lineal
★ ein Stückchen Alufolie
★ eine Flasche mit geradem Hals, z. B. eine Weinflasche
★ einen Strohhalm

DIE TAUCHERGLOCKE

Schwierigkeitsgrad    Dauer: 20 Minuten

WIE GEHT'S?

1. Schneidet mit dem Messer den Boden von der Flasche.
2. Füllt die Schüssel mehr als halbvoll mit Wasser.
3. Schraubt den Deckel auf die Flasche.
4. Drückt die Flasche mit der Öffnung nach unten senkrecht hinunter ins Wasser bis auf den Boden der Schüssel.
5. Öffnet die Flasche.
6. Verschließt die Flasche wieder und hebt sie langsam aus dem Wasser hoch.

WAS PASSIERT?

Obwohl die Flasche unten offen ist, steigt das Wasser beim Eintauchen nicht in die Flasche. Erst wenn ihr den Deckel abschraubt, steigt das Wasser hinein, bis es in der Flasche genauso hoch steht wie außen in der Schüssel. Wenn ihr dann die Flasche wieder zuschraubt und anhebt, hebt ihr auch das Wasser mit an. Es läuft erst heraus, wenn die Bodenöffnung der Flasche aus dem Wasser kommt.

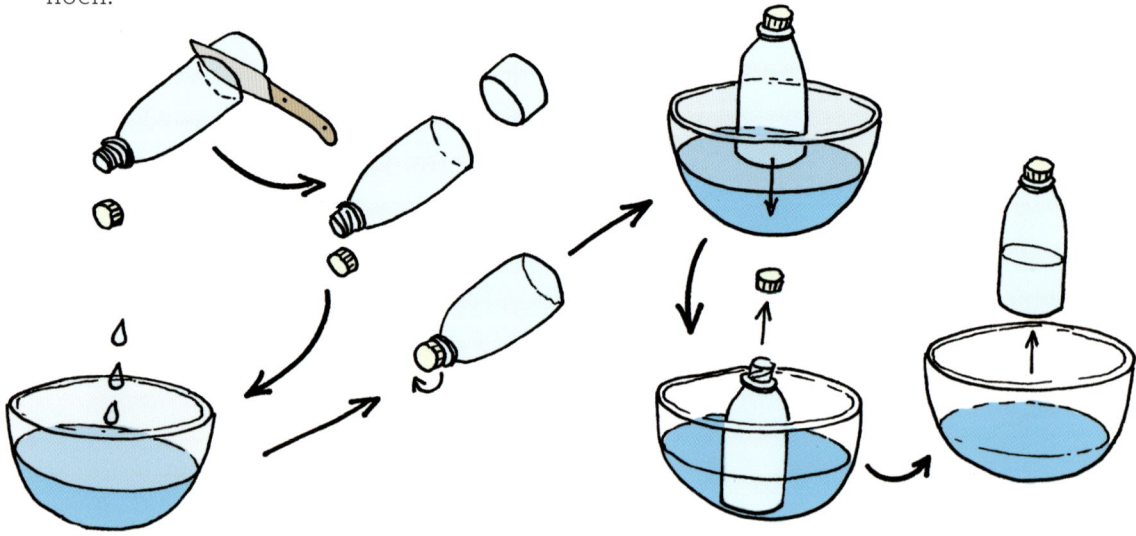

WAS STECKT DAHINTER?

Beim Eintauchen kann das Wasser nicht in die Flasche eindringen, denn die Flasche ist nicht leer. Sie ist voll Luft! Und diese Luft verschwindet nicht einfach. Erst wenn ihr den Deckel abschraubt, steigt die Luft nach oben aus der Flasche, denn sie ist leichter als Wasser. Nun strömt das Wasser in die Flasche. Hebt ihr die Flasche dann mit zugeschraubtem Deckel an, bleibt das Wasser darin – es kommt ja keine Luft hinein, die das Wasser ersetzen könnte.

WO GIBT'S DAS NOCH?

Den gleichen Trick wie im Experiment nutzt man auch bei einer Taucherglocke: Ein großer Stahlbehälter, der nur unten offen ist, wird ins Wasser getaucht bis auf den Grund. In dieser Taucherglocke ist dann immer noch Luft. So können Menschen zum Beispiel zum Grund eines Flusses gebracht werden, um dort etwas zu reparieren oder zu bergen. Und so wie ihr im letzten Teil des Experiments das Wasser hochzieht, holt auch die Pumpe eines Brunnens das Wasser aus der Tiefe.

PROBIERT'S MAL ...

Nehmt eine halbe ausgehöhlte Walnuss und setzt ein Gummi-bärchen hinein. Lasst das „Boot" in der Schüssel schwimmen und stülpt das Glas darüber. Die Walnuss wird zum Tauchboot.

CHECKER-LISTE

★ Luft ist nicht nichts!
★ Luft kann nicht einfach aus einem geschlossenen Raum verdrängt werden.

BÄRENSTARKE LUFT

Schwierigkeitsgrad

Dauer: 10 Minuten

WIE GEHT'S?

1. Faltet einen Bogen Zeitungspapier zu einem kleinen Päckchen zusammen.
2. Legt das Lineal so auf den Tisch, dass etwa ein Viertel über die Tischkante hinausragt.
3. Legt das Papierpäckchen auf das Ende des Lineals auf dem Tisch.
4. Schlagt mit der Hand auf das überstehende Ende des Lineals.
5. Nun legt das Lineal noch einmal genauso wie zuvor auf den Tisch.
6. Breitet den zweiten Bogen Zeitungspapier glatt auf dem Teil des Lineals aus, der auf dem Tisch liegt.
7. Schlagt erneut auf das überstehende Ende des Lineals.

WAS PASSIERT?

Beim ersten Schlag schnellt das Lineal wie ein Katapult nach oben und schleudert das Papierpäckchen in hohem Bogen durchs Zimmer. Beim zweiten Mal gelingt es euch kaum, die Zeitung vom Tisch zu bewegen.

WAS STECKT DAHINTER?

Wird die Zeitung womöglich schwerer, wenn sie glatt ausgebreitet ist? Nein! Aber der ausgebreitete Papierbogen bedeckt eine größere Fläche als die zusammengefaltete Zeitung. Und auf diese große Fläche drückt die Luft nach unten. Dieser Druck der Luft ist so stark, dass ihr das Lineal nicht hochbekommt.

> Schlagt ruhig kräftig auf das Lineal. Aber bitte nicht so fest, dass es zerbricht ...

ANGEBER-WISSEN

Luft hat nicht nur viel Kraft, sie hat auch erstaunlich viel Gewicht. Ein Liter Luft wiegt etwa 1,2 Gramm. Das hört sich nach wenig an, aber um uns herum ist sehr viel Luft! Die Luft in einem großen Zimmer wiegt etwa so viel wie ein erwachsener Mensch. Und die Luft in eurer Turnhalle wiegt mehr als ein Auto.

DER WITZ

„He, warum lässt du denn das Gartentor offen stehen?" – „Damit die Blumen frische Luft bekommen!"

CHECKER-LISTE

* Luft drückt mit verblüffender Kraft.
* Je größer eine Fläche ist, desto stärker drückt die Luft darauf.

CLEVERE PUSTE

Schwierigkeitsgrad

Dauer: 10 Minuten

WIE GEHT'S?

1. Knüllt ein Stückchen Alufolie zu einer Kugel zusammen, die gut in die Öffnung der Flasche passt.
2. Legt die Flasche auf den Tisch mit der Öffnung zur Tischkante.
3. Schiebt das Kügelchen vorsichtig 1 cm weit in den Flaschenhals.
4. Versucht, das Kügelchen in die Flasche hineinzupusten.
5. Versucht dasselbe noch einmal mit dem Strohhalm: Geht mit der Halmspitze ganz nah an das Kügelchen und pustet.

WAS PASSIERT?

Beim ersten Versuch gelingt es euch nicht, die Kugel in die Flasche zu pusten. Im Gegenteil: Wenn ihr in die Flasche pustet, kommt das Kügelchen herausgeflogen. Mit dem Strohhalm sollte es euch aber gelingen, wenn ihr gut zielt und vorsichtig pustet.

WAS STECKT DAHINTER?

Auch bei diesem Experiment erleben wir, dass Luft keineswegs nichts ist. Wenn ihr ganz normal pustet, gelingt es euch zunächst nicht, die Kugel in die Flasche zu befördern. Das liegt daran, dass die Flasche bereits voll Luft ist. Wenn ihr dann in den Flaschenhals pustet, strömt die Luft in der Flasche um das Kügelchen herum und aus der Flasche heraus. Dabei drückt sie auch die Kugel aus der Flasche. Der Strohhalm hilft: Wenn ihr ihn dicht an die Kugel haltet, dann konzentriert ihr den Druck eurer Puste auf die Kugel. Es strömt nicht so viel Luft außen herum. Dadurch flutscht die Kugel in die Flasche.

WO GIBT'S DAS NOCH?

Das gleiche Problem wie ihr mit dem Kügelchen haben auch die Hersteller von Getränken. Der Saft soll schnell in die Flasche, aber die ist voll Luft. Deshalb steckt man in der Fabrik ein Rohr zum Befüllen in die Flasche. Der Saft fließt durch das Rohr und die Luft kann außen am Rohr vorbei entweichen.

CHECKER-LISTE

★ Luft lässt sich nicht einfach zur Seite schieben.

ANGEBER-WISSEN

Woraus besteht eigentlich die Luft? Ein Fünftel der Luft, die wir atmen, ist Sauerstoff, den wir zum Leben brauchen. Fast der ganze Rest, genau 78 Prozent der Luft, ist Stickstoff. Hinzu kommen winzige Spuren von Kohlendioxid, Argon, Neon, Helium, Methan und vielen anderen Gasen. Aber die Luft ist immer auch ein wenig feucht: Etwa ein Hundertstel der Luft ist nämlich Wasserdampf.

JETZT GEHT'S RICHTIG RUND!

Seid ihr schon mal auf einem Karussell mitgefahren? Nicht auf so einem langsamen mit Pferden und Feuerwehr für kleine Kinder, sondern mit einem richtig schnellen? Einem Kettenkarussell oder einer rasanten Berg- und Talbahn? Dann seid ihr bestens vorbereitet für diese Experimente. Denn dann habt ihr sie schon mal am eigenen Leib erfahren: die Fliehkraft oder Zentrifugalkraft. Das ist die Kraft, die uns nach außen drückt, wenn das Karussell sich ganz schnell dreht. Also Achtung, festhalten! Es geht rund!

WAS BRAUCHT IHR?

* eine kleine Murmel oder einen kleinen Flummi
* ein bauchiges Glas, z. B. ein Vorrats- oder Rotweinglas
* einen Strohhalm
* eine Schere
* einen Meter Bindfaden oder Nähgarn
* eine Handvoll Bausteine in verschiedenen Größen
* einen Eimer
* Wasser

25

DAS MURMEL– KARUSSELL

Schwierigkeitsgrad

Dauer: 10 Minuten

WIE GEHT'S?

1 Legt die Murmel auf den Tisch und stülpt das Glas darüber.

2 Bewegt das Glas schnell in gleichmäßigen Kreisen, sodass die Murmel innen an der Glaswand entlangläuft.

3 Wenn ihr seht, dass die Murmel im Glas hochsteigt, könnt ihr das Glas anheben. Dabei müsst ihr es aber weiter kreisen lassen.

WAS PASSIERT?

Die Murmel fällt nicht herunter, sondern rollt weiter innen an der Wand des Glases entlang. Und zwar dort, wo das Glas am bauchigsten ist.

WAS STECKT DAHINTER?

Eigentlich müsste die Murmel unten aus dem Glas herausfallen, denn auf sie wirkt – wie auf alles auf der Welt – die Schwerkraft. Aber durch die Drehung erzeugt ihr noch eine weitere Kraft: die Fliehkraft. Sie tritt immer dann auf, wenn sich ein Gegenstand im Kreis dreht. Die Fliehkraft drückt die Murmel nach außen und bis an die breiteste Stelle des Glases. Solange ihr das Glas schnell kreisen lasst, ist die Fliehkraft stärker als die Schwerkraft und die Murmel fällt nicht runter.

Vorsicht! Wenn ihr ein Weinglas nehmt, dürft ihr es nicht zu fest über den Tisch schieben. Es kann leicht zerbrechen!

WO GIBT'S DAS NOCH?

Die Fliehkraft wirkt überall da, wo sich etwas dreht: Am Kettenkarussell hängen die Sitze zunächst senkrecht nach unten. Wenn es sich schnell dreht, fliegen sie nach außen. Und auch im Haushalt hilft dieser „Trick": In der Waschmaschine wird die Wäsche beim Schleudern von innen an die Trommelwand gedrückt. Dadurch wird das Wasser aus der Wäsche gepresst.

CHECKER-LISTE

★ Bei einer drehenden Bewegung entsteht eine Kraft: die Fliehkraft.
★ Die Fliehkraft drückt kreisende Gegenstände weg von der Drehachse nach außen.

PROBIERT'S MAL ...

Macht aus dem Experiment ein Rätsel: Fordert jemanden auf, die Kugel in einen tiefen Teller zu transportieren. Nur das Glas darf berührt werden, keinesfalls der Teller oder gar die Kugel selbst. Ob er darauf kommt, wie man das schafft?

DER LASSO–AUFZUG

Schwierigkeitsgrad   Dauer: 20 Minuten

WIE GEHT'S?

1 Schneidet vom Strohhalm ein etwa 10 cm langes Stück ab.

2 Fädelt den Faden hindurch.

3 Klemmt das eine Ende des Fadens zwischen zwei kleine Bausteine, das andere Ende zwischen mehrere größere Steine.

4 Haltet den Strohhalm in die Höhe, sodass die kleinen Steine oben sind und die großen unten am Faden baumeln.

5 Haltet den Strohhalm gut fest und schwingt die kleinen Steine im Kreis wie ein Lasso.

WAS PASSIERT?

Obwohl die unteren Steine viel größer und schwerer sind, werden sie von den kleinen hochgezogen bis an das untere Ende des Strohhalms. Wenn ihr mit der Drehung aufhört, rutschen sie wieder hinunter.

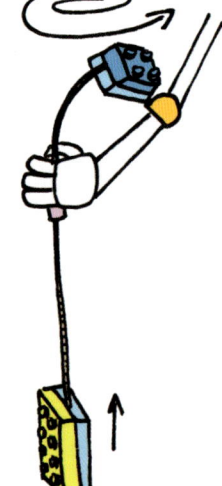

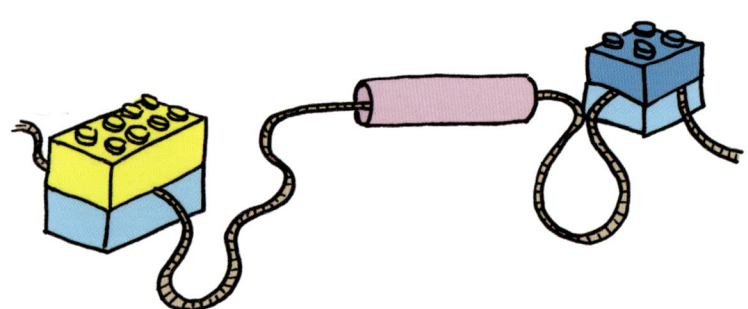

WAS STECKT DAHINTER?

Wenn ihr die oberen Steine im Kreis schwingt, werden sie von der Fliehkraft nach außen getragen. Dabei ziehen sie den Faden und mit ihm die unteren Steine hoch. Je schneller ihr schwingt, desto stärker ist die Fliehkraft und umso weiter werden die Steine hochgezogen.

PROBIERT'S MAL …

Hängt zusätzliche Steine an das untere Steinpäckchen. Schaffen es die rotierenden Steine oben mithilfe der Fliehkraft wohl, das Fünffache ihres eigenen Gewichts hochzuziehen?

Vorsicht! Die oberen Lego-Steine rotieren am Ende in einem ziemlich großen Kreis. Macht damit nichts kaputt! Keine Vase, keine Lampe und auch nicht den Papa.

CHECKER-LISTE

★ Je schneller die Kreisbewegung ist, desto stärker ist die Fliehkraft.

DER TROCKENE LOOPING

Schwierigkeitsgrad

Dauer: 10 Minuten

WIE GEHT'S?

1. Füllt einige Zentimeter hoch Wasser in den Eimer.
2. Geht damit nach draußen, z. B. in den Garten.
3. Schwingt den Eimer mit langem Arm hoch über die Schulter, bis er über eurem Kopf einen Looping macht.

WAS PASSIERT?

Das Wasser bleibt im Eimer und ihr bleibt trocken – wenn ihr schnell genug dreht!

WAS STECKT DAHINTER?

Dieses Experiment ist der ultimative Test, ob ihr der Fliehkraft vertraut. Und ob ihr verstanden habt, dass die Fliehkraft immer größer wird, je schneller die Drehung ist. Wenn ihr den Eimer also mit genügend Schwung über euren Kopf sausen lasst, dann ist die Fliehkraft des Wassers größer als seine Schwerkraft.

WO GIBT'S DAS NOCH?

Auch bei der Achterbahn im Freizeitpark gelten diese Gesetze: Sie muss bei einem Looping so schnell sein, dass die Fliehkraft größer ist als die Schwerkraft, die auf den Wagen wirkt. Große Achterbahnen sind so schnell, dass man beim Looping oben von einer enormen Fliehkraft in den Sitz gedrückt wird, so als wäre der Körper zwei oder dreimal so schwer wie sein eigentliches Gewicht. Noch größer sind die Kräfte aber, wenn die Bahn wieder ins Tal schießt. Dann kommt zur Fliehkraft noch die Schwerkraft hinzu – da bleibt so manchem glatt die Luft weg!

Wenn es draußen sommerlich warm ist, könnt ihr es wagen: Schwenkt den Eimer immer langsamer, bis das Wasser irgendwann auf euch nieder prasselt …

ANGEBER-WISSEN

Wie stark das Wasser in den Eimer gedrückt wird, hängt von zwei Dingen ab: wie schnell ihr schwenkt und wie lang euer Arm ist. Man kann ausrechnen: Wenn die Strecke von eurer Schulter bis zum Wasser im Eimer einen Meter lang ist, muss der Eimer in zwei Sekunden mindestens einen Looping machen, damit das Wasser nicht herausläuft. Ist der Arm kürzer, müsst ihr schneller kreisen.

PER RÜCKSTOß HOCH INS ALL!

WAS FLUGZEUGE UND RAKETEN IN SCHWUNG BRINGT

Wenn es im Sportunterricht so richtig anstrengend wird, sind meistens Medizinbälle im Spiel. Diese riesigen Monsterbälle können bis zu zehn Kilo schwer sein. Wenn ihr einen Medizinball wegwerft, erlebt ihr etwas Ungewöhnliches: Ihr werft den Ball nach vorne und werdet gleichzeitig nach hinten gedrückt. Diesen Effekt nennt man Rückstoß. Er sorgt auch dafür, dass Flugzeuge starten und Raketen in den Weltraum fliegen. Also stöhnt nicht, wenn euer Sportlehrer das nächste Mal die dicken Medizinbälle rausholt, sondern ruft: „Hurra, wir nutzen Raketentechnik!"

WAS BRAUCHT IHR?

* eine spitze Schere (z. B. eine Nagelschere)
* eine Plastikflasche
* zwei Strohhalme mit Knick
* etwa 5 m dünne Schnur oder Faden
* Wasser
* einen Föhn
* Klebeband
* ein Frühstücksbrettchen
* viele runde Stifte
* einen Strohhalm ohne Knick (oder das kurze Ende abschneiden)
* einen Luftballon

DER WASSERWIRBEL

Schwierigkeitsgrad   Dauer: 20 Minuten

WIE GEHT'S?

❶ Bohrt mit der Scherenspitze vorsichtig unten in die Flaschenwand zwei Löcher. Sie sollten etwa so groß sein wie die Strohhalme und einander gegenüberliegen.

❷ Schneidet bei den Knick-Strohhalmen die lange Seite bis auf 5 cm ab.

❸ Steckt die Strohhalme in die Löcher.

❹ Biegt die Enden am Knick nach hinten.

❺ Bindet ein Stück Schnur um den Hals der Flasche und lasst sie daran baumeln.

❻ Füllt die Flasche mit Wasser.

WAS PASSIERT?

Das Wasser läuft über die Strohhalme aus der Flasche heraus. Dabei beginnt die Flasche sich zu drehen wie ein Rasensprenger.

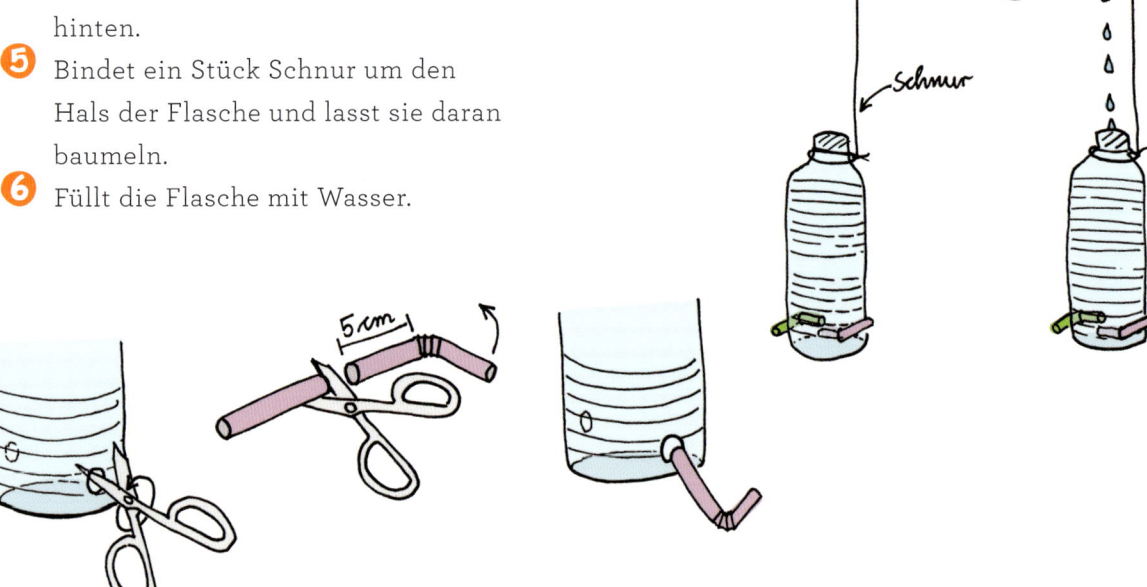

WAS STECKT DAHINTER?

Wenn das Wasser aus dem nach hinten gebogenen Strohhalm läuft, wird die Strohhalmspitze in die Gegenrichtung, also nach vorne gedrückt – so als würde sich das Wasser von der Öffnung des Halms abdrücken. Diesen Effekt nennt man Rückstoß. Er tritt immer dann als Gegenreaktion auf, wenn etwas beschleunigt wird. Da die Spitzen der Strohhalme nach hinten zeigen, beginnt die Flasche sich zu drehen.

WO GIBT'S DAS NOCH?

Schaut euch mal genau eure Geschirrspülmaschine an: Darin befindet sich ein drehbarer Arm, aus dem das Wasser spritzt. Weil die Wasseröffnung an der Seite ist, spritzt das Wasser nach hinten heraus. Durch den Rückstoßeffekt beginnt der Arm sich zu drehen und verteilt das Wasser überall in der Maschine.

Wenn ihr die Löcher zu groß gebohrt habt, könnt ihr sie mit Knete abdichten. Oder mit Kaugummi.

ANGEBER-WISSEN

Wie groß der Rückstoß ist, hängt von zwei Dingen ab: davon, wie schwer das Objekt ist, das beschleunigt wird, und davon, wie stark es beschleunigt wird.

CHECKER-LISTE

★ Wenn etwas beschleunigt wird, gibt es in die Gegenrichtung einen Rückstoß.

DER RENNWAGEN-FÖHN

Schwierigkeitsgrad

Dauer: 20 Minuten

WIE GEHT'S?

1 Klebt den Föhn mit Klebeband so auf das Frühstücksbrettchen, dass die Öffnung des Föhns zu einer der schmalen Seiten des Brettchens zeigt.

2 Legt die runden Stifte nebeneinander auf den Tisch und das Brettchen mit dem Föhn darauf. Das Brett sollte jetzt auf den Stiften hin und her rollen können.

3 Schaltet den Föhn ein.

WAS PASSIERT?

Das Brettchen mit dem Föhn beginnt zu rollen. Solange Stifte als Rollen unter dem Brettchen sind, saust der Föhn-Rennwagen über den Tisch.

PROBIERT'S MAL ...

Wer schafft es, dass der Föhn-Rennwagen mit zehn Stiften die größte Strecke zurücklegt? Wenn ihr schnell seid, könnt ihr die Stifte hinten wegnehmen und vorne wieder vor das Brettchen legen.

WAS STECKT DAHINTER?

Auch Luft erzeugt einen Rückstoß. Wenn der Föhn die Luft nach hinten pustet, rollt dadurch das Brettchen nach vorne über die Stifte los. Die Luft ist zwar leichter als das Wasser im ersten Experiment und erzeugt daher eigentlich weniger Rückstoß. Da der Föhn die Luft aber sehr stark beschleunigt, ist die Kraft des Rückstoßes groß genug, um den Föhn-Rennwagen anzutreiben.

WO GIBT'S DAS NOCH?

Auch Propeller-Flugzeuge funktionieren mit Rückstoß: Durch die rotierenden Propeller wird Luft angesaugt und nach hinten ausgestoßen. Dadurch wird das Flugzeug nach vorne beschleunigt und hebt schließlich ab.

Damit das Brettchen gut rollen kann, darf das Kabel den Föhn nicht bremsen. Nehmt am besten ein Verlängerungskabel oder lasst den Rennwagen in der Nähe einer Steckdose fahren.

CHECKER-LISTE

★ Luft, die beschleunigt wird, erzeugt einen Rückstoß.
★ Je schneller die Luft beschleunigt wird, desto größer ist der Rückstoß.

DIE BALLON-RAKETE

Schwierigkeitsgrad  Dauer: 20 Minuten

WIE GEHT'S?

1 Fädelt die Schnur durch ein gerades Stück Strohhalm.

2 Spannt die Schnur so lang wie möglich quer durchs Zimmer.

3 Pustet den Luftballon auf und haltet ihn fest zu, knotet ihn aber nicht zu.

4 Schiebt den Strohhalm an ein Ende der Schnur.

5 Klebt den Ballon mit Klebestreifen so an den Strohhalm, dass die zugehaltene Öffnung des Ballons zum Ende der Schnur zeigt.

6 Lasst den Luftballon los.

WAS PASSIERT?

Der Ballon jagt wie eine Rakete entlang der Schnur quer durchs Zimmer.

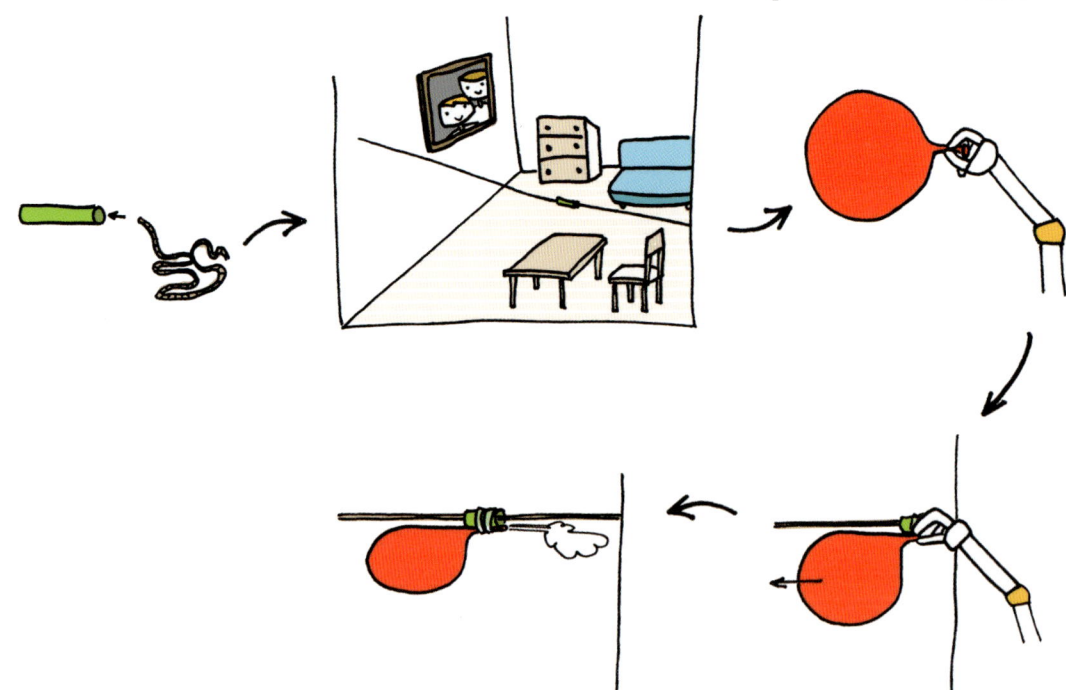

WAS STECKT DAHINTER?

Hinter dem rasanten Flug des Ballons steckt natürlich wieder der Rückstoß-Effekt. Die Luft wird vom Ballon schnell nach hinten aus der Öffnung gedrückt und dadurch wird der Ballon nach vorne beschleunigt.

WO GIBT'S DAS NOCH?

Jede Rakete startet durch Rückstoß. Das gilt für kleine Silvester-Raketen genauso wie für große Mondraketen. Ein Raketentriebwerk stößt heißes Gas aus, das bei der Verbrennung des Treibstoffs entsteht. Dabei entsteht so viel Rückstoß, dass die viele tausend Kilo schwere Rakete abhebt.

ANGEBER-WISSEN

Die berühmteste, größte und stärkste Rakete, die je gebaut wurde, ist die „Saturn V" (dabei steht das „V" für die römische Zahl „5"). Sie war 110 m hoch (wie ein Hochhaus mit 30 Etagen) und konnte 120 000 kg Gewicht ins All tragen, das entspricht mehr als 100 Autos. Mit einer „Saturn V"-Rakete flogen auch im Jahre 1969 die ersten Menschen zum Mond.

DER WITZ

„Hey, die Silvesterraketen, die Sie mir verkauft haben, funktionieren alle nicht." – „Komisch, ich hab sie extra alle getestet ..."

DIE UNSICHTBARE WASSERHAUT

WAS OBERFLÄCHENSPANNUNG BEWIRKT

Stellt euch vor, ihr seid am Badesee an einem heißen Sommertag. Jetzt nichts wie ins Wasser! Ihr lauft den Steg hinunter, springt ab und zieht die Beine an – das gibt eine richtige A...-bombe! Doch – „boing boing" – was ist das? Anstatt spritzend ins Wasser zu tauchen, prallt ihr an der Oberfläche ab, titscht über den See und bleibt schließlich auf dem Wasser liegen. Unmöglich? Für uns natürlich, aber nicht für einige leichte Insekten. Wenn sie auf dem Wasser landen, tauchen sie nicht ein, sondern laufen darüber, als hätte Wasser eine feste Oberfläche. Und tatsächlich: Es gibt eine Art „Haut", die das Wasser von der Luft trennt. Und die ermöglicht erstaunliche Tricks.

WAS BRAUCHT IHR?

* ein kleines Glas
* Wasser
* zwei Büroklammern
* etwas Spülmittel
* ein Stück Pappe
  (z. B. einen Bierdeckel)
* ein Geschirrtuch oder einen
  großen Strumpf
* ein paar Gummiringe

SCHWIMMENDES METALL

Schwierigkeitsgrad

Dauer: 10 Minuten

WIE GEHT'S?

1. Füllt das Glas mit Wasser.
2. Versucht, eine Büroklammer im Wasser schwimmen zu lassen.
3. Biegt bei einer der Büroklammern den inneren Bogen nach außen.
4. Legt die zweite Büroklammer auf den herausgebogenen „Arm" der ersten.
5. Lasst die Büroklammer vorsichtig zu Wasser.
6. Gebt ein bisschen Spülmittel ins Wasser.

WAS PASSIERT?

Zuerst wird es euch kaum gelingen, die Büroklammer zum Schwimmen zu bringen. Durch den Trick mit der zweiten Büroklammer sollte es aber klappen: Die Büroklammer schwimmt. Gebt ihr dann aber Spüli ins Wasser, geht sie unter.

WAS STECKT DAHINTER?

Die Oberflächenspannung trägt die Büroklammer. Normalerweise geht eine Büroklammer unter, denn Metall schwimmt nur, wenn es so geschickt geformt ist wie ein Boot. Legt man die Büroklammer aber ganz vorsichtig auf das Wasser, dann kann sie dennoch schwimmen. Wie eine Haut bilden die Wasserteilchen an der Oberfläche eine erstaunlich stabile Schicht. Durch das Spülmittel wird diese Schicht aber zerstört und die Büroklammer geht unter.

WO GIBT'S DAS NOCH?

Auch manche Insekten nutzen Oberflächenspannung: An einem See könnt ihr zum Beispiel beobachten, wie Wasserläufer über das Gewässer flitzen. Und wenn ihr einen Wasserhahn nur ganz wenig öffnet, hält die Oberflächenspannung das Wasser so lange am Hahn fest, bis sich genug für einen Tropfen angesammelt hat, der schwer genug ist, um die „Spannung" zu durchbrechen.

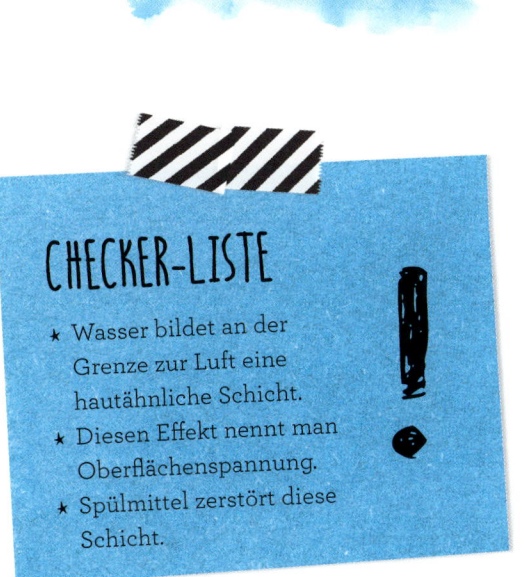

ANGEBER-WISSEN

Die Oberflächenspannung entsteht dadurch, dass sich die Wasserteilchen ganz leicht anziehen. Normalerweise wirkt diese Anziehung im Wasser in alle Richtungen gleich stark. An der Oberfläche werden die Teilchen aber nur nach unten gezogen. Dadurch entsteht an der Grenze zur Luft eine Art „Haut".

CHECKER-LISTE

★ Wasser bildet an der Grenze zur Luft eine hautähnliche Schicht.
★ Diesen Effekt nennt man Oberflächenspannung.
★ Spülmittel zerstört diese Schicht.

LUFT GEGEN WASSER

Schwierigkeitsgrad

Dauer: 10 Minuten

WIE GEHT'S?

1. Füllt das Glas mit Wasser.
2. Legt das Stück Pappe auf die Glasöffnung.
3. Nehmt das Glas in die eine Hand, drückt mit der anderen die Pappe auf das Glas und dreht das Ganze um.
4. Nehmt vorsichtig die Hand unten von der Pappe.

WAS PASSIERT?

Das Wasser bleibt im Glas, es gibt keine Überschwemmung.

PROBIERT'S MAL ...

Je mehr Wasser ihr nehmt, desto schwerer wird das Experiment. Wer ist geschickt genug und schafft es mit der größten Wassermenge?

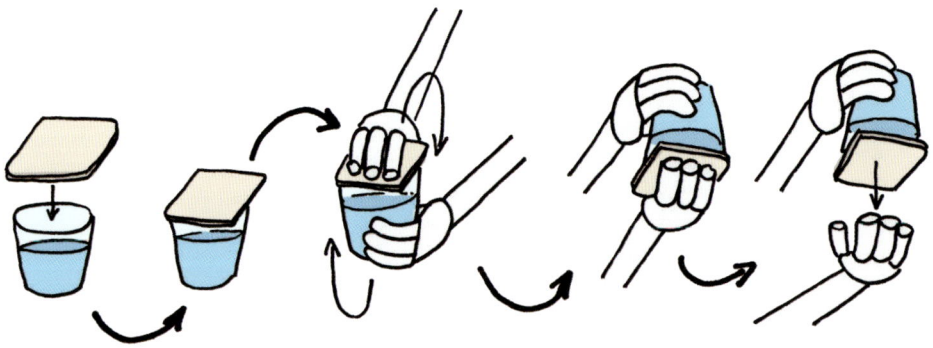

WAS STECKT DAHINTER?

Das Wasser wird wegen der Erdanziehung nach unten gezogen. Gleichzeitig drückt aber die Luft von der anderen Seite gegen die Pappe. Ursache für diesen Luftdruck ist die riesige Luftmasse der Erdatmosphäre. Die Luft von unten drückt stärker gegen die Pappe als das Wasser von oben. Besonders gut funktioniert es mit einer saugfähigen Pappe, z. B. einem Bierdeckel. Denn dann saugt die Pappe einen Teil des Wassers auf. Und da gleichzeitig keine Luft ins Glas gelangt, entsteht im Glas ein niedriger Druck. Dadurch wird die Pappe noch zusätzlich ans Glas gesaugt.

Beim ersten Mal solltet ihr das Experiment vielleicht über dem Waschbecken ausprobieren. Nicht gleich über dem Wohnzimmerteppich. Oder über dem Kopf eurer Mama.

CHECKER-LISTE

* Die Luft der Erdatmosphäre erzeugt einen Druck.
* Dieser Luftdruck kann stärker sein als das Gewicht von einem Glas Wasser.

ANGEBER-WISSEN

Die Erdatmosphäre ist 100 km hoch. Erst dann beginnt der Weltraum. Durch diese riesige Luftmasse drücken auf jeden Quadratmeter Erdoberfläche etwa 10 000 kg Gewicht, das entspricht etwa zwei Elefanten. Trotzdem werden wir nicht vom Luftdruck zerquetscht. Denn der Mensch hat im Laufe seiner Entwicklung eine Art inneren „Gegendruck" entwickelt.

Erdatmosphäre

1 m²

DAS WASSERDICHTE TUCH

Schwierigkeitsgrad    Dauer: 10 Minuten

WIE GEHT'S?

1. Füllt Wasser in das … – o.k., das hatten wir schon.
2. Zieht das Tuch stramm über die Glasöffnung und befestigt es mit Gummiringen.
3. Haltet das Glas unter den Wasserhahn und lasst noch etwas Wasser durch das Tuch hineinfließen.
4. Legt die Pappe auf das gespannte Tuch.
5. Legt die Hand auf die Pappe und dreht das Glas wie im vorigen Experiment um.
6. Zieht die Pappe sehr vorsichtig zur Seite weg.

WAS PASSIERT?

Das Wasser bleibt im Glas. Obwohl ihr vorher am Wasserhahn gesehen habt, dass das Tuch nicht wasserdicht ist, kommen jetzt höchstens ein paar Tröpfchen hindurch.

WAS STECKT DAHINTER?

Jetzt arbeiten Oberflächenspannung und Luftdruck zusammen gegen den Druck des Wassers. Die „Haut" an der Wasseroberfläche verschließt die winzigen Lücken zwischen den Tuchfasern. Außerdem drückt die Luft von unten gegen das Tuch und verhindert, dass sich Wassertropfen durch die Fasern nach draußen drücken.

PROBIERT'S MAL ...

Wenn ihr mit dem Finger von unten das Tuch berührt, läuft sofort Wasser aus dem Glas. Denn der Finger nimmt den Luftdruck an dieser Stelle weg und zieht das Wasser geradezu durch das Tuch. Deshalb soll man auch in einem Zelt nicht direkt an der Wand liegen, damit bei Regen kein Wasser hindurchkommt.

Nicht aufgeben, wenn es nicht gleich beim ersten Mal klappt. Haltet das Glas möglichst gerade. Und wie beim vorigen Experiment: Bleibt über dem Waschbecken.

CHECKER-LISTE

★ Ein einfaches Tuch kann durch Oberflächenspannung und Luftdruck wasserdicht werden.

DER WITZ

Was machen Ostfriesen, wenn sie einen Eimer heißes Wasser übrig haben? – Einfrieren! Heißes Wasser kann man immer gebrauchen.

ALLE EIER STEIGEN HOCH!

AUFTRIEBSKRAFT LÄSST DINGE SCHWIMMEN, STEIGEN, SCHWEBEN

Könnt ihr schon schwimmen? Na klar! Dann wisst ihr auch, wie gut Wasser tragen kann. Die Kraft, die uns nach oben drückt, nennt man Auftrieb. Bei diesen Experimenten könnt ihr mit der Auftriebskraft Dinge schweben, tanzen und sinken lassen. Und erfahrt ganz nebenbei, wie ein U-Boot funktioniert. Alle Mann an Bord und alle Luken dicht! Wir tauchen ab …

WAS BRAUCHT IHR?

* ein hohes Glas
* Leitungswasser
* ein Ei
* ein Schälchen mit Salz
* einen Teelöffel
* Mineralwasser
* ein paar Rosinen
* eine Plastikflasche
* ein paar Streichhölzer
* eine Schere oder ein scharfes Messer

DAS SCHWEBENDE EI

Schwierigkeitsgrad    Dauer: 10 Minuten

WIE GEHT'S?

1 Füllt das Glas mit Leitungswasser und legt vorsichtig das Ei hinein.

2 Gebt einen Löffel Salz hinein und rührt um.

3 Noch einen Löffel Salz und weiterrühren.

4 Und noch einen ... bis sich im Glas was tut!

WAS PASSIERT?

Zu Beginn sinkt das Ei bis auf den Boden des Glases. Wenn ihr aber etwa sechs oder sieben Teelöffel Salz im Wasser aufgelöst habt, beginnt das Ei zu schweben. Es steigt im Glas nach oben. Gebt ihr dann noch einen Löffel Salz hinzu, schwimmt das Ei sogar an der Wasseroberfläche.

WAS STECKT DAHINTER?

Ein Ei ist schwerer als normales Leitungswasser, deshalb sinkt es im Glas nach unten. Wenn ihr Salz hinzugebt und auflöst, wird das Wasser schwerer. Irgendwann ist das Ei dann leichter als das Salzwasser und steigt nach oben.

WO GIBT'S DAS NOCH?

Es gibt auch Seen, die so salzig sind, dass man darin nicht untergeht. Zum Beispiel das Tote Meer an der Grenze zwischen Israel und Jordanien. Es ist zehnmal salziger als die Nordsee. Man kann sich hineinlegen und an der Oberfläche treiben.

PROBIERT'S MAL ...

Ob das Experiment wohl auch mit Zucker funktioniert?

CHECKER-LISTE

★ Im Wasser zieht die Schwerkraft nach unten, der Auftrieb drückt nach oben.
★ Wenn etwas leichter ist als Wasser, dann ist der Auftrieb stärker als die Schwerkraft und der Gegenstand schwimmt.

Mit einem hart gekochten Ei funktioniert das Experiment übrigens nicht so gut. Denn beim Kochen blubbert die Luft aus dem Ei heraus. Dieses Luftkissen braucht man aber für den Auftrieb.

RASENDE ROSINEN

Schwierigkeitsgrad

Dauer: 10 Minuten

WIE GEHT'S?

1 Füllt das Glas mit Sprudelwasser.
2 Werft ein paar Rosinen hinein.

WAS PASSIERT?

Die Rosinen sinken zunächst auf den Boden. Dann steigen sie wieder hoch und kurz darauf geht es wieder abwärts – die Rosinen fahren Aufzug im Wasserglas.

PROBIERT'S MAL ...

Funktioniert der Aufzug auch mit anderen Dingen? Zum Beispiel mit Weintrauben oder Gummibärchen?

WAS STECKT DAHINTER?

Eine Rosine ist ein bisschen schwerer als Wasser, deshalb sinkt sie auf den Boden, so wie das Ei im ersten Experiment. An ihrer schrumpeligen Oberfläche haften aber die Gasbläschen des Mineralwassers besonders gut. Die Bläschen sind viel leichter als Wasser, steigen im Glas hoch und ziehen die Rosine mit nach oben. Oben an der Wasseroberfläche lösen sich die Bläschen wieder. Ohne ihr „Luftkissen" sinkt die Rosine dann wieder nach unten, wo sie neue Bläschen sammelt. So geht es immer weiter.

CHECKER-LISTE

★ Die Gasbläschen im Mineralwasser sind leichter als Wasser und steigen deshalb nach oben.
★ An der schrumpeligen Oberfläche der Rosinen bilden sich besonders viele Gasbläschen.

Der Rosinenaufzug funktioniert so lange, bis alle Kohlensäure aus dem Mineralwasser herausgeblubbert ist.

ANGEBER-WISSEN

Die Gasbläschen im Mineralwasser bestehen aus Kohlendioxid. Es wird in der Fabrik zusammen mit dem Wasser in die Flasche gefüllt. Wenn sich Kohlendioxid im Wasser löst, dann entsteht Kohlensäure, die dem Wasser seinen erfrischenden säuerlichen Geschmack gibt.

STREICHHOLZ-U-BOOT IN DER FLASCHE

Schwierigkeitsgrad  Dauer: 10 Minuten

WIE GEHT'S?

1. Füllt die Plastikflasche mit Leitungswasser.
2. Schneidet die Zündköpfe von ein paar Streichhölzern ab und steckt sie in die Flasche.
3. Schraubt die Flasche fest zu.
4. Drückt die Flasche zusammen – so fest ihr könnt!

WAS PASSIERT?

Wenn ihr fest genug drückt, sinken die Streichholzköpfchen hinunter auf den Flaschenboden. Lasst ihr die Flasche los, dann steigen sie wieder auf.

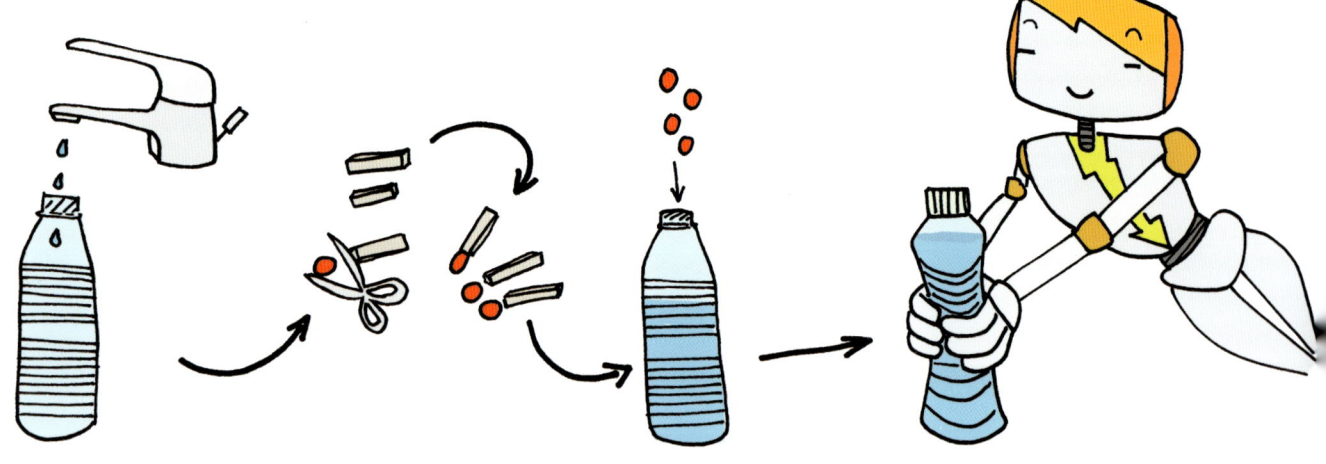

WAS STECKT DAHINTER?

In den Streichholzköpfen sind winzige mit Luft gefüllte Poren und Löcher. Wenn ihr auf die Flasche drückt, dann presst ihr diese Luft zusammen und das Wasser dringt in die Streichholzköpfe. Dadurch werden die Köpfchen schwerer und sinken zu Boden. Lasst ihr wieder los, dann dehnt sich die Luft in den Löchern wieder aus. Das Wasser wird hinausgedrängt und der Streichholzkopf steigt wieder auf.

WO GIBT'S DAS NOCH?

U-Boote tauchen ganz ähnlich wie die Streichholzköpfe: Beim Abtauchen werden große Lufttanks mit Wasser gefüllt. Das U-Boot wird schwerer und sinkt ab. Zum Auftauchen wird aus Pressluftflaschen Luft in die Tanks geblasen. Die Luft verdrängt das Wasser, das Boot wird leichter und steigt wieder auf.

Ihr könnt nicht fest genug drücken? Nehmt eine Schraubzwinge aus dem Werkzeugkasten – damit klappt's garantiert!

DER WITZ

Wie versenkt man ein ostfriesisches U-Boot auf Tauchgang? Einfach anklopfen! Einer wird schon aufmachen.

CHECKER-LISTE

★ Streichholzköpfe enthalten winzige Mengen Luft.
★ Luft lässt sich zusammendrücken, Wasser nicht.
★ Mit Druck kann man regulieren, wie viel Wasser in den Streichholzkopf dringt.

COOLE COLA

Gebt es zu: Ihr liebt den Geschmack von Cola! Ob als Eis, Fläschchen aus Weingummi oder zum Trinken. Aber weil ihr clevere Kids seid, wisst ihr auch, dass Cola wahnsinnig ungesund ist. In einem Liter stecken 35 Stück Würfelzucker. Die Säuren sind schlecht für die Zähne und durch das Koffein kann man abends nicht mehr richtig einschlafen. Zum Trinken taugt Cola also nicht, aber zum Experimentieren! Hier sind drei erstaunliche Versuche, die ihr unbedingt mal ausprobieren müsst. Dazu empfehlen wir zum Trinken ein Glas Mineralwasser.

WAS BRAUCHT IHR?

* ★ einen Eimer
* ★ Wasser
* ★ je eine 0,5-l-Plastikflasche normale Cola und Cola light
* ★ einige Mentos
* ★ einige Esslöffel Milch

IST COLA „LIGHT" WIRKLICH LEICHT?

Schwierigkeitsgrad  Dauer: 10 Minuten

WIE GEHT'S?

1 Füllt den Eimer mit Wasser.
2 Stellt die beiden Cola-Flaschen ins Wasser.

WAS PASSIERT?

Die Flasche mit der normalen Cola sinkt zum Boden, die Flasche Cola light schwimmt oben.

PROBIERT'S MAL …

Es gibt auch Limo „light" oder „zero" mit Süßstoff statt Zucker. Funktioniert da das Experiment genauso?

WAS STECKT DAHINTER?

Tatsächlich ist Cola light leichter als normale Cola. Ein Liter Wasser wiegt fast genau 1 000 g. Ein Liter normale Cola hingegen wiegt 1 040 g, ist also schwerer und geht daher im Wasser unter. Ein Liter Cola light hingegen wiegt nur 890 g. Sie ist leichter als Wasser und schwimmt daher. Die Luft oben in der Flasche sorgt für zusätzlichen Auftrieb. Der Grund für das unterschiedliche Gewicht liegt in den Zutaten: In einem Liter normaler Cola sind etwa 35 Zuckerwürfel (etwa 100 g) aufgelöst. In der Cola light wird der Zucker durch Süßstoff ersetzt. Und weil der Süßstoff so intensiv ist, braucht man nur gut 0,1 Gramm pro Liter – das macht die Cola leichter.

Auch wenn „Cola light" leichter ist als Wasser: Für den Körper ist Mineralwasser als Getränk am allerleichtesten und besten.

Medizin

ANGEBER-WISSEN

Coca-Cola wurde vor gut 140 Jahren von einem Apotheker erfunden. Zuerst wurde das Getränk nur als Medizin verkauft und sollte gegen Müdigkeit und Kopfschmerzen helfen. Angeblich ist das genaue Rezept eines der am besten gehüteten Geheimnisse der Welt.

DER COLA-VULKAN

Schwierigkeitsgrad

Dauer: 10 Minuten

WIE GEHT'S?

1. Öffnet die Flasche Cola light.
2. Stellt sie in die Spüle.
3. Werft ein Mentos hinein.

WAS PASSIERT?

Die Cola sprudelt wie ein blubbernder Vulkan aus der Flasche.

WAS STECKT DAHINTER?

In „Cola light" ist besonders viel Kohlendioxid gelöst. Es bildet dann

Kohlensäure, die ihr ja auch von den prickelnden Bläschen im Mineralwasser kennt. Normalerweise blubbert dieses Kohlendioxid ganz langsam aus der Cola heraus, wenn man die Flasche öffnet. Die Kaubonbons machen aus diesem langsamen Blubbern ein großes Aufschäumen, denn sie haben eine Besonderheit, die man nur mit dem Mikroskop sehen kann: Auf ihrer Oberfläche sind unzählige winzige Krater und Löcher. Daran bilden sich sofort sehr viele Kohlendioxid-Bläschen, die auf ihrem Weg aus der Flasche die Cola mitreißen.

WO GIBT'S DAS NOCH?

Wenn eure Eltern mal ein Glas Sekt trinken, könnt ihr einen ganz ähnlichen Effekt beobachten: Die Bläschen bilden sich immer an denselben Stellen. Dort sind winzig kleine Unreinheiten im Glas, an denen das Kohlendioxid besonders gut freigesetzt wird.

Habt ihr einen Garten oder einen Park in der Nähe? Dann könnt ihr es noch stärker sprudeln lassen: Bohrt ein Loch in den Flaschendeckel, befestigt einige Kaubonbons mit Heftzwecken an Fäden und zieht sie unter den Deckel. Wenn ihr jetzt den Deckel aufschraubt und dann die Fäden loslasst, spritzt durch das Loch im Deckel eine riesige Fontäne.

CHECKER-LISTE

★ In allen sprudelnden Getränken ist Kohlendioxid (kurz: CO_2) gelöst.

★ Wenn man die Flasche öffnet, wird das CO_2 in Form von kleinen Gasbläschen wieder freigesetzt.

★ An Kanten, Löchern oder Unebenheiten wird besonders viel CO_2 freigesetzt.

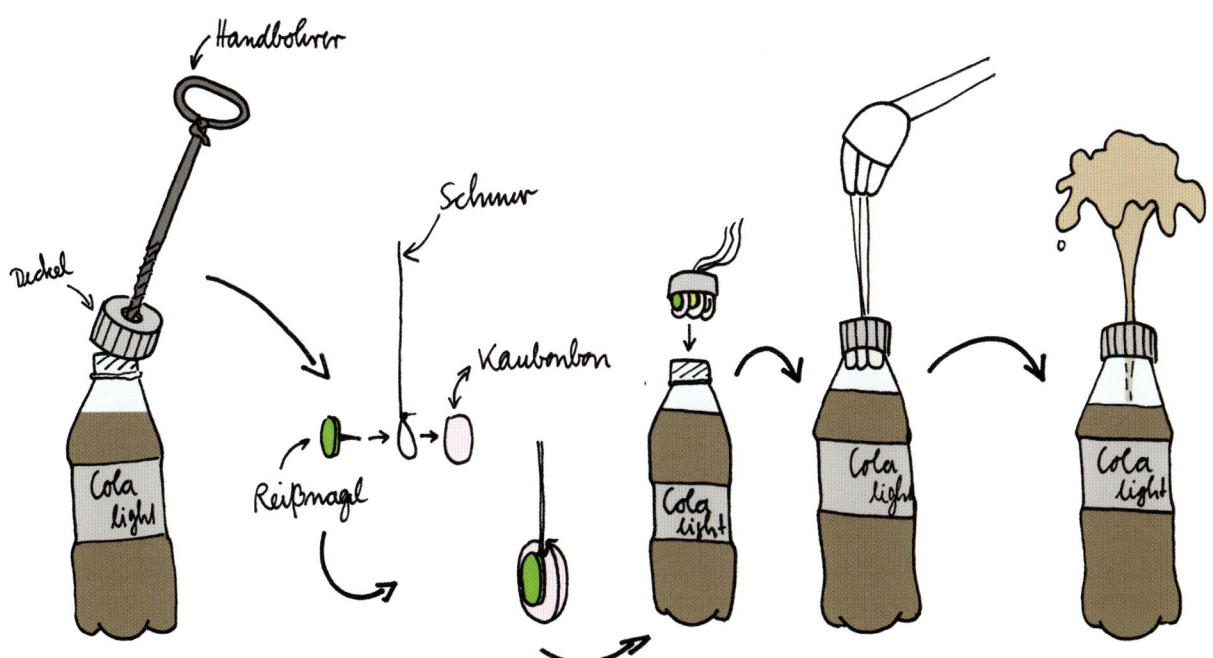

Handbohrer

Schnur

Deckel

Kaubonbon

Reißnagel

Cola light

KLAR WIE COLA!

Schwierigkeitsgrad   Dauer: lange, am besten über Nacht

WIE GEHT'S?

❶ Öffnet die Flasche mit der normalen Cola.

❷ Gebt ein paar Esslöffel Milch hinein.

❸ Schraubt den Deckel wieder zu.

❹ Wartet bis zum nächsten Morgen …

WAS PASSIERT?

Die Milch macht aus der Cola zunächst eine etwas eklige Matschbrühe. Ganz langsam, im Verlauf mehrerer Stunden, sinkt der wolkige Brei aber hinunter auf den Flaschenboden. Im oberen Teil der Flasche bleibt eine fast klare Flüssigkeit zurück.

PROBIERT'S MAL …

Zum Geschmack trägt der Farbstoff nicht wesentlich bei. Und die Milch hat der Cola auch sonst nicht geschadet. Ihr könnt es also wagen, einen kleinen Schluck der klaren Cola zu probieren.

WAS STECKT DAHINTER?

Cola enthält viel Säure, z. B. Kohlensäure und Phosphorsäure. Durch diese Säure wird das Eiweiß der Milch von der Molke getrennt. Die feinen Eiweißfäden verklumpen, die Milch gerinnt. Diese Eiweißklümpchen sinken ganz langsam zu Boden und nehmen dabei den Farbstoff der Cola mit. Dieser Farbstoff heißt Zuckercouleur und wird durch die Karamellisierung von Glucose-Sirup mit verschiedenen weiteren Zutaten hergestellt. Ohne Zuckercouleur wäre Cola fast ganz klar.

WO GIBT'S DAS NOCH?

Der braune Farbstoff Zuckercouleur gibt auch vielen anderen Lebensmitteln ihre bräunliche Farbe: Bier und Likören genauso wie Essig, Soßen oder manchen Wurstsorten.

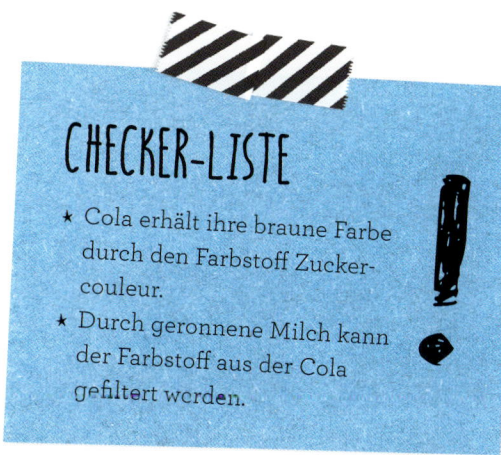

CHECKER-LISTE

★ Cola erhält ihre braune Farbe durch den Farbstoff Zuckercouleur.
★ Durch geronnene Milch kann der Farbstoff aus der Cola gefiltert werden.

ne!!!

ANGEBER-WISSEN

Tatsächlich gab es Anfang der 1990er-Jahre mal eine Sorte Cola ohne braunen Farbstoff: die „Crystal Coke", also „Kristall Cola". Sie war ganz klar, schmeckte aber sonst ganz genau wie normale Cola. Trotzdem wollte sie fast niemand kaufen. Cola muss eben dunkel sein, fanden die Leute. Ist ja klar, Darth Vader läuft ja auch nie mit weißem Umhang rum.

QUETSCHDOSEN & TANZENDE MÜNZEN

An heißen Sommertagen erlebt ihr manchmal eher unfreiwillig einen wichtigen physikalischen Effekt: Wenn ihr nämlich z. B. einen ungeöffneten Joghurt draußen in der Sonne vergesst. Hat die Sonne eine Weile darauf geschienen, wölbt sich der Deckel nach oben, als wollte er platzen.

In diesen Experimenten wird es siedend heiß und eiskalt! Ihr könnt erleben, mit welcher Kraft sich Luft verändert, wenn man sie ein wenig erwärmt oder abkühlt. Wird sie warm, kann sie Dinge anheben. Wird sie kalt, kann sie sogar Dosen aus Metall zerquetschen.

WAS BRAUCHT IHR?

* eine große Schüssel
* Wasser
* eine leere Glasflasche
* eine Münze
* einen Herd
* eine leere Getränkedose
* eine Grillzange
* einen tiefen Teller
* ein Teelicht
* Streichhölzer
* ein hohes Trinkglas

DER FLASCHENGEIST

Schwierigkeitsgrad

Dauer: 10 Minuten

WIE GEHT'S?

1. Füllt die Schüssel zur Hälfte mit sehr heißem Wasser.
2. Haltet die Flasche unter laufendes kaltes Wasser und zählt bis zehn.
3. Feuchtet die Münze an und legt sie auf die Flaschenöffnung.
4. Taucht die von der Münze verschlossene Flasche in die Wasserschüssel.
5. Lasst die Münze los und beobachtet, was passiert.

WAS PASSIERT?

Nach ein paar Sekunden beginnt die Münze, sich zu bewegen, und klappert auf dem Flaschenhals. Ist das ein Flaschengeist, der rauswill?

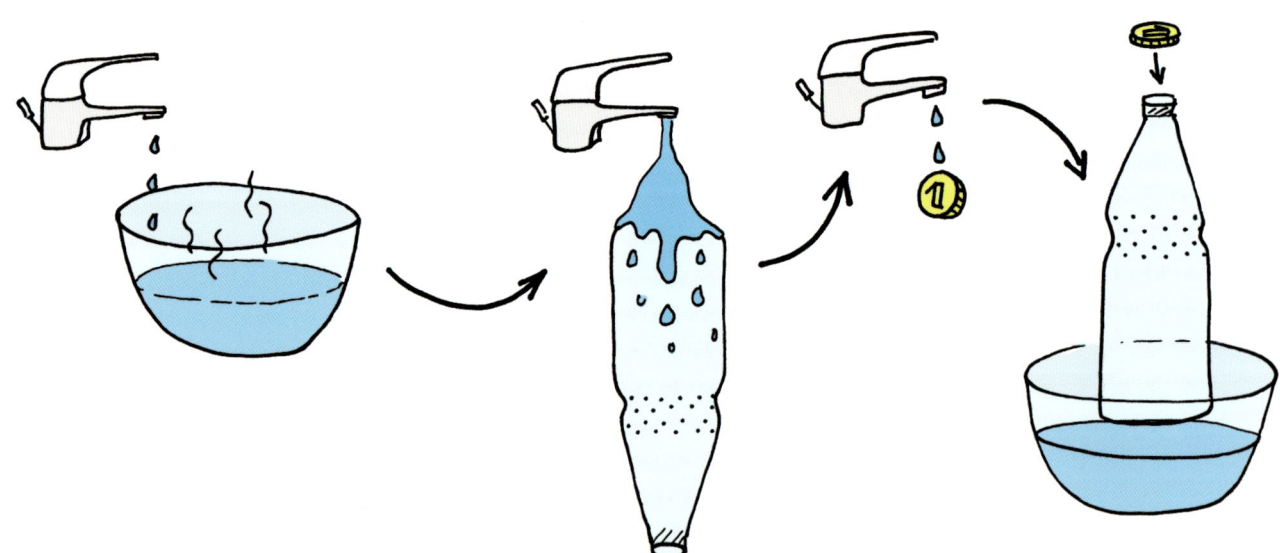

WAS STECKT DAHINTER?

Wenn ihr die Flasche unter den Wasserhahn haltet, kühlt die Luft darin ab. In der Schüssel erwärmt sich die Luft dann wieder. Dabei dehnt sie sich aus. Die Luft braucht also mehr Platz, drängt durch den Flaschenhals und drückt die Münze hoch.

PROBIERT'S MAL ...

Nehmt die Flasche aus dem heißen Wasser und haltet sie wieder unter kaltes Wasser, ohne dass die Münze verrutscht. Nach einiger Zeit könnt ihr die Flasche auf den Kopf stellen, ohne dass die Münze sich löst. Warum wohl?

ANGEBER-WISSEN

Auch alle anderen Stoffe (z. B. Wasser oder Metall) dehnen sich aus, wenn sie sich erwärmen. Aber bei Gasen (Luft ist ein Gas) ist der Effekt am deutlichsten sichtbar. Wenn ihr einen Luftballon mit einem Liter Luft aus dem Gefrierschrank auf Raumtemperatur aufwärmt, dehnt er sich etwa um den Inhalt eines Trinkglases aus.

Vorsicht mit dem heißen Wasser: Verbrüht euch nicht die Finger!

CHECKER-LISTE

★ Wenn Luft sich erwärmt, dehnt sie sich aus.
★ Wenn sie abkühlt, zieht sie sich zusammen.

DER DOSEN-CRASH

Schwierigkeitsgrad Dauer: 10 Minuten

WIE GEHT'S?

1. Füllt die Schüssel fast ganz mit kaltem Wasser und stellt sie neben den Herd.
2. Gebt auch in die Getränkedose ein wenig Wasser, aber nur so viel, dass der Boden gerade bedeckt ist (etwa ein bis zwei Esslöffel).
3. Stellt die Dose auf den Herd und schaltet ihn ein.
4. Wenn das Wasser in der Dose blubbernd kocht, greift ihr die Dose vorsichtig mit der Grillzange und stülpt sie zügig mit der Öffnung nach unten in die Wasserschüssel.

WAS PASSIERT?

Die Dose wird krachend zusammengedrückt.

Seid bei diesem Experiment besonders vorsichtig: Die Dose bitte wirklich nur mit der Grillzange anfassen, denn sie wird sehr heiß! Je höher ihr den Herd stellt, desto schneller beginnt das Wasser in der Dose zu kochen.

WAS STECKT DAHINTER?

Wenn das Wasser kocht, füllt sich die ganze Dose mit Wasserdampf. Stülpt ihr die Dose nun kopfüber ins kalte Wasser, dann wird der Wasserdampf schnell abgekühlt. Er verwandelt sich wieder in Wasser. Das Wasser braucht aber viel weniger Raum in der Dose. Es fehlt also etwas in der Dose. Das Wasser aus der Schüssel kann diese Leere nicht schnell genug füllen und deshalb werden stattdessen die Dosenwände nach innen gezogen.

WO GIBT'S DAS NOCH?

Wenn eine Dampfmaschine oder eine Dampflokomotive sich bewegen, passiert in ihrem Inneren etwas ganz Ähnliches wie bei unserem Experiment. Wasser wird zum Kochen gebracht und der entstehende Wasserdampf in den Zylinder geleitet. Wenn sich der Wasserdampf abkühlt, wird er wieder zu Wasser. Es entsteht ein niedriger Druck, der den Kolben in Bewegung setzt.

ANGEBER-WISSEN

Wenn Wasser zu Dampf wird, dehnt es sich enorm aus: Aus 1 l Wasser werden mehr als 1 600 l Wasserdampf!

CHECKER-LISTE

★ Wenn Wasser kocht, verwandelt es sich in Wasserdampf.
★ Der Dampf braucht mehr Raum als das Wasser, aus dem er entsteht.
★ Kühlt der Dampf ab, wird er wieder zu Wasser.

DER KERZEN-AUFZUG

Schwierigkeitsgrad

Dauer: 10 Minuten

WIE GEHT'S?

1 Gebt ein wenig Wasser in den Teller, etwa ½ cm hoch.

2 Setzt das Teelicht mitten hinein und zündet es an.

3 Stülpt das Glas über die Flamme.

WAS PASSIERT?

Nach ein paar Sekunden geht die Kerze aus. Plötzlich wird Wasser in das Glas gesaugt, sodass die Kerze am Ende sogar im Glas schwimmt.

ANGEBER-WISSEN

Viele Erwachsene erklären dieses Experiment falsch. Sie glauben, das Wasser würde in das Glas steigen, weil die Kerzenflamme einen Teil der Luft „verbraucht" und somit Platz für das Wasser gemacht hat. Aber das stimmt nicht! Beim Brennen wird der Sauerstoff nicht verbraucht, sondern in Kohlendioxid und Wasserdampf umgewandelt. Dadurch verändert sich die Gasmenge unter dem Glas fast überhaupt nicht.

WAS STECKT DAHINTER?

Die Flamme erwärmt die Luft unter dem Glas. An den Bläschen an der Glaskante seht ihr, dass sich die Luft dabei ausdehnt. Nach ein paar Sekunden hat die Kerze den Sauerstoff unter der Glaskuppel vollständig verbrannt und geht aus. Dann kühlt sich die Luft unter dem Glas wieder ab und zieht sich zusammen. Dadurch wird das Wasser unter das Glas gesaugt. Der Wasserstand erhöht sich und das Teelicht beginnt zu schwimmen.

DER WITZ

Fragt eine Kerze die andere: „Ist Wasser eigentlich gefährlich?" Darauf die andere: „Davon kannst du ausgehen!"

Versucht, das Glas zügig über die Kerze zu stülpen. Die Luft im Glas darf sich nicht zu sehr erwärmen, bevor die Öffnung vollständig ins Wasser taucht.

CHECKER-LISTE

★ Wenn eine Kerze keinen frischen Sauerstoff bekommt, geht sie aus.

ACHTUNG, WIR HEBEN AB!

WARME LUFT STEIGT NACH OBEN

Habt ihr schon mal in einem Etagenbett ganz oben unter der Decke übernachtet? Vielleicht sogar im Sommer, wenn es im Zimmer auch nachts noch viel zu warm ist? Dann habt ihr eine wichtige Regel der Wärmelehre schon selbst erfahren: Warme Luft steigt nach oben. Im Etagenbett ist das unangenehm, an anderer Stelle aber auch faszinierend: Heißluftballons zum Beispiel schweben als majestätische Riesen über unseren Köpfen dahin. In diesem Kapitel könnt ihr euren eigenen Ballon steigen lassen, eine feurige Rakete starten und ein Rätsel entdecken, mit dem ihr eure Freunde verblüffen könnt.

WAS BRAUCHT IHR?

* einen Teebeutel
* eine Schere
* eine feuerfeste Unterlage, z. B. einen alten Teller
* ein Feuerzeug oder Streichhölzer
* eine lange und eine kurze Kerze (oder zwei Teelichte, von denen das eine erhöht aufgestellt wird, z. B. auf ein kleines Glas oder einen Eierbecher)
* eine große durchsichtige Schüssel, Vase oder Haube
* einen großen Bogen Pappe (DIN A2 oder größer)
* einen Toaster
* etwas Klebeband
* eine Mülltüte (etwa 30–40 l Volumen)

DIE TEEBEUTEL-RAKETE

Schwierigkeitsgrad  Dauer: 10 Minuten

WIE GEHT'S?

❶ Schneidet am Teebeutel die Schnur mit dem Etikett und die kleine Metallklammer ab.

❷ Faltet den Teebeutel auseinander und schüttet den Tee heraus.

❸ Stellt den Teebeutel wie eine Röhre aufrecht auf den Teller.

❹ Zündet den Teebeutel mit dem Feuerzeug am oberen Ende an.

WAS PASSIERT?

Der Teebeutel brennt von oben herunter. Kurz vor dem Ende hebt der letzte Rest plötzlich ab und schwebt in die Luft.

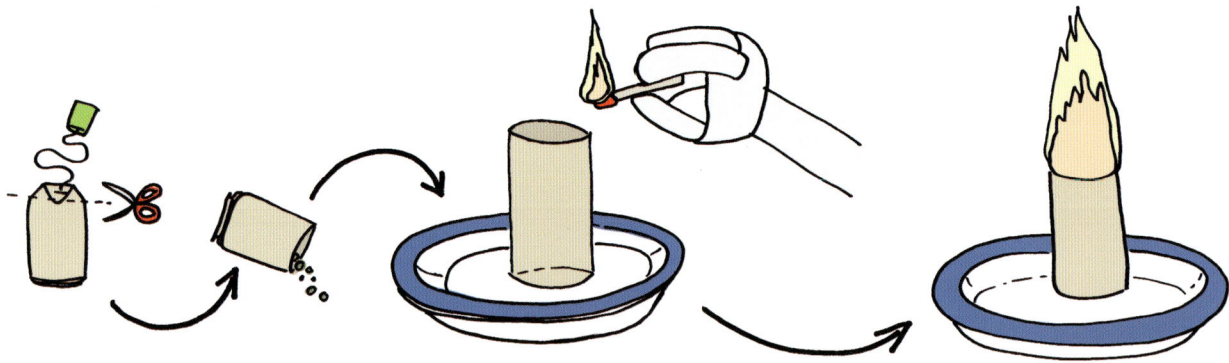

WAS STECKT DAHINTER?

Das Feuer erhitzt die Luft in der Teebeutelröhre und darum herum. Diese heiße Luft ist leichter als die restliche Luft im Zimmer, daher steigt sie nach oben. Der letzte Rest des brennenden Teebeutels ist so leicht, dass er mit der aufsteigenden Luft hochgetragen wird.

WO GIBT'S DAS NOCH?

Auch bei vielen anderen Gelegenheiten könnt ihr beobachten, dass heiße Luft nach oben steigt: Im Kamin steigt die Luft nach oben, und auch eine Weihnachtspyramide dreht sich durch die heiße Luft, die von den Kerzen aufsteigt.

ANGEBER-WISSEN

Die ersten großen Heißluftballons haben im Jahre 1783 die Gebrüder Montgolfier in Frankreich gebaut. Die Hülle war aus Papier und Seidenstoff. Die ersten Passagiere waren ein Schaf, eine Ente und ein Hahn. Sie sollten testen, ob es überhaupt möglich ist, in luftiger Höhe zu überleben. Erst einige Wochen später starteten die ersten Mensch zu einem Ballonflug.

CHECKER-LISTE

★ Warme Luft ist leichter als kalte, deshalb steigt warme Luft nach oben. Warme Luft kann sehr leichte Dinge mit in die Höhe tragen.

DAS KERZEN-DUELL

Schwierigkeitsgrad

Dauer: 10 Minuten

WIE GEHT'S?

❶ Stellt die große und die kleine Kerze nebeneinander.

❷ Zündet beide Kerzen an.

❸ Stülpt die durchsichtige Schüssel darüber.

WAS PASSIERT?

Nach wenigen Sekunden (je nach Größe der Schüssel) wird die Flamme der größeren Kerze immer kleiner, bis sie schließlich ganz erlischt. Erst einige Sekunden später geht auch die kleine Kerze aus.

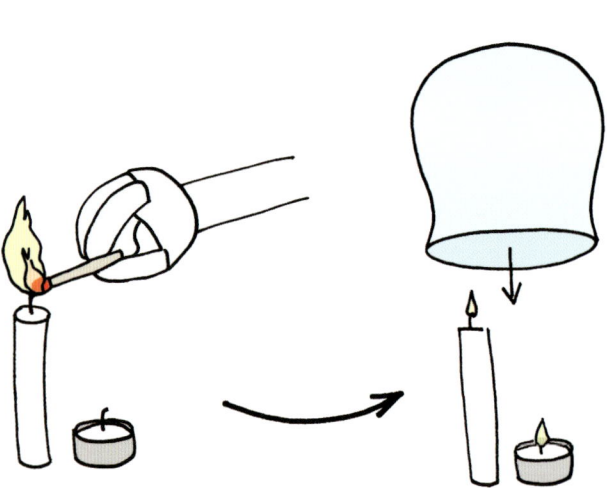

PROBIERT'S MAL ...

Dieses Experiment ist ein prima Rätsel, mit dem ihr auch Erwachsene verblüffen könnt. Ob sie wohl vorhersagen können, welche Kerze zuerst ausgeht?

WAS STECKT DAHINTER?

Kerzen brauchen zum Brennen Sauerstoff aus der Luft. Irgendwann ist der Sauerstoff unter der Haube verbraucht und die Kerzen gehen aus. Aber warum verlischt die große früher als die kleine? Das hat mit der Wärme zu tun: Die Kerze wandelt den Sauerstoff in Kohlendioxid um. Dieses Kohlendioxid ist heißer als die übrige Luft unter der Schüssel und steigt deshalb nach oben. Der restliche Sauerstoff ist kühler und sinkt nach unten. Daher hat die kleine Kerze unten noch längere Zeit frischen Sauerstoff zum Brennen zur Verfügung.

WO GIBT'S DAS NOCH?

Was ihr bei den Kerzen gelernt habt, kann auch bei einem Wohnungsbrand wichtig sein. Denn auch wenn in einem Zimmer ein Feuer ausbricht, steigen die heißen giftigen Gase nach oben. Unten am Boden gibt es am längsten Sauerstoff zum Atmen. Deshalb empfiehlt die Feuerwehr: Ein brennendes Zimmer am Boden kriechend verlassen!

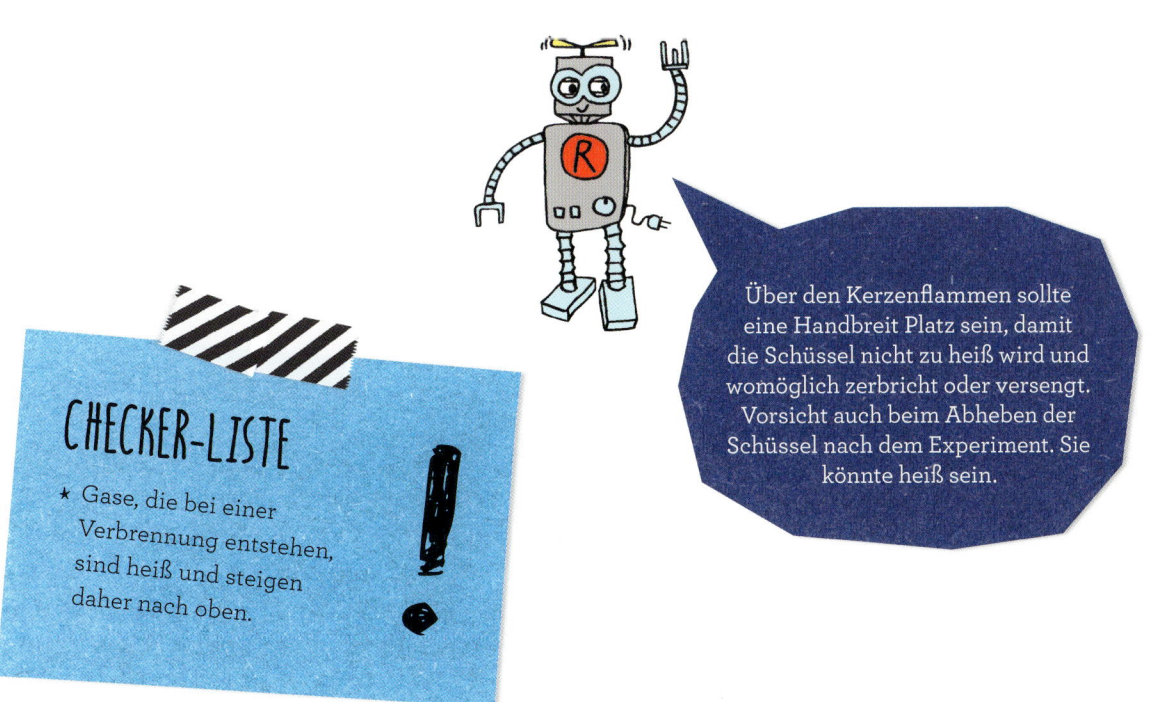

Über den Kerzenflammen sollte eine Handbreit Platz sein, damit die Schüssel nicht zu heiß wird und womöglich zerbricht oder versengt. Vorsicht auch beim Abheben der Schüssel nach dem Experiment. Sie könnte heiß sein.

CHECKER-LISTE

★ Gase, die bei einer Verbrennung entstehen, sind heiß und steigen daher nach oben.

DER TOASTER-BALLON

Schwierigkeitsgrad     Dauer: 20 Minuten

WIE GEHT'S?

❶ Legt den Bogen Pappe um den Toaster und klebt ihn mit Klebeband zu einer Röhre.

❷ Stülpt die Mülltüte locker über die Öffnung der großen Pappröhre.

❸ Schaltet den Toaster ein.

WAS PASSIERT?

Die Mülltüte bläht sich immer weiter auf, hebt schließlich ab und schwebt als Ballon zur Zimmerdecke.

WAS STECKT DAHINTER?

Wie im ersten Experiment erleben wir hier, dass heiße Luft hochsteigt und dabei Dinge mit nach oben nimmt. Der Toaster erhitzt die Luft so stark, dass sogar die große Mülltüte angehoben wird. Wie viel Auftrieb ein Ballon hat, hängt davon ab, wie viel heißer die Luft in seinem Inneren im Vergleich zur Umgebungsluft ist.

WO GIBT'S DAS NOCH?

Große Heißluftballons, die ihr manchmal am Himmel seht, funktionieren nach dem gleichen Prinzip. Mit einem Gasbrenner wird hier die Luft im Innern des Ballons auf etwa 100 Grad Celsius aufgeheizt. Die riesige Ballonhülle kann dann ungefähr 1 000 kg tragen. Etwa 250 kg wiegen aber schon allein die Ballonhülle, der Korb und der Gasbrenner.

Natürlich funktioniert das Experiment auch ohne die Papprolle. Aber dann müsst ihr sehr aufpassen, dass die Mülltüte nicht zu dicht an den heißen Toaster gerät und verbrennt.

CHECKER-LISTE

★ Heiße Luft dehnt sich aus.
★ Je heißer Luft ist, desto leichter ist sie und desto mehr Gewicht kann sie mit nach oben heben.

EIN ECHTER ÜBER-LEBENSKÜNSTLER

DER UNZERSTÖRBARE LUFTBALLON

Diese Experimente stellen alles auf den Kopf, was ihr bisher über Luftballons zu wissen glaubt. Denn eigentlich ist es doch immer gleiche Drama: aufblasen, rumspielen, peng! Wo ein Luftballon ist, da findet sich irgendwie auch immer eine spitze Ecke, die ihn zum Platzen bringt. Luftballons sind einfach schrecklich empfindlich – eigentlich. Doch hier erlebt ihr den Luftballon als echten Überlebenskünstler. Weder der Stich einer Nadel noch eine Handvoll Heftzwecken, nicht einmal die Flamme einer Kerze kann ihn zum Platzen bringen. Wetten?

WAS BRAUCHT IHR?

- ★ drei Luftballons
- ★ Klebeband
- ★ eine Nadel
- ★ etwa 20 Heftzwecken
- ★ etwas Wasser
- ★ ein Teelicht und etwas zum Anzünden

DER DURCHSTOCHENE BALLON

Schwierigkeitsgrad   Dauer: 10 Minuten

WIE GEHT'S?

1. Pustet einen Ballon auf und knotet ihn zu.
2. Klebt einen 5 cm langen Streifen Klebeband auf den Ballon.
3. Reibt über den Klebestreifen, damit er richtig fest ist.
4. Stecht vorsichtig die Nadel durch das Klebeband in den Ballon.

WAS PASSIERT?

Die Nadel sticht in den Ballon, aber er platzt nicht. Wenn ihr die Nadel wieder herauszieht, kommt ganz, ganz langsam die Luft aus dem Ballon heraus.

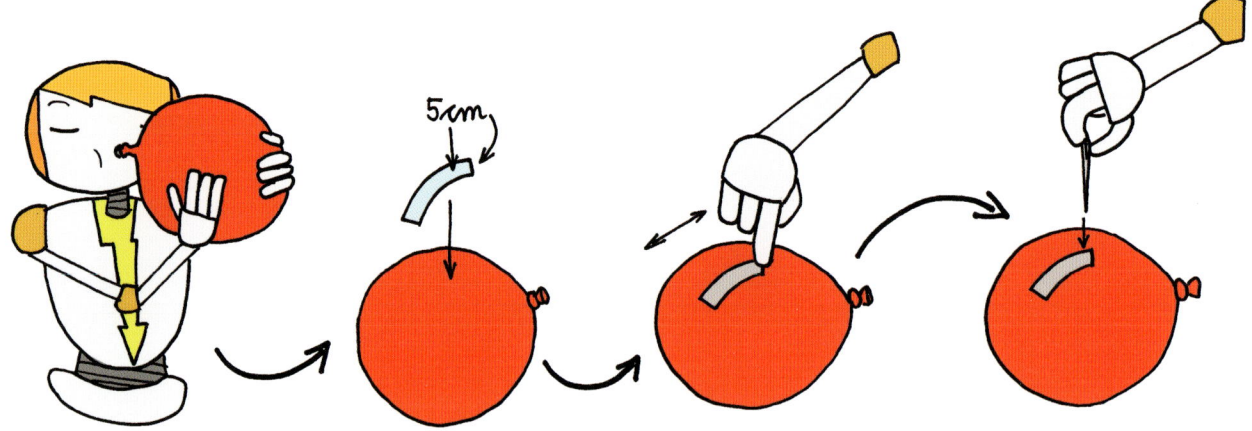

WAS STECKT DAHINTER?

Normalerweise ist ein Nadelstich der Anfang vom Ende des Luftballons. Die Ballonhaut steht so sehr unter Spannung, dass der winzige Riss durch die Nadel sofort zu einem riesigen Loch aufgerissen wird. Der Ballon platzt. Durch das Klebeband schaffen wir einen kleinen stabilen Bereich auf der Ballonhaut. Wenn die Nadel dann ein Loch hineinsticht, hält das Klebeband die Gummihaut trotz der großen Spannung zusammen. Der Ballon reißt nicht auseinander.

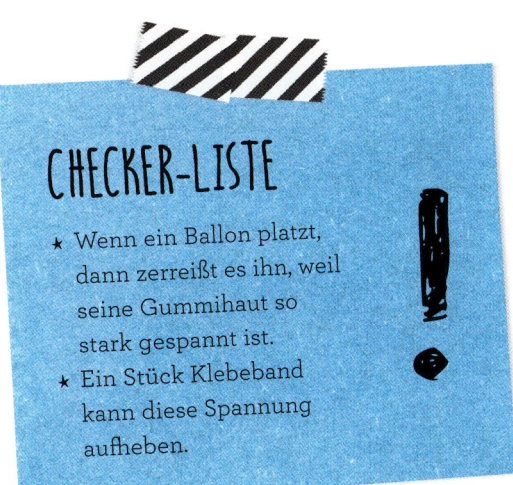

CHECKER-LISTE

★ Wenn ein Ballon platzt, dann zerreißt es ihn, weil seine Gummihaut so stark gespannt ist.
★ Ein Stück Klebeband kann diese Spannung aufheben.

Ganz wichtig: Der Klebefilm muss gründlich festgedrückt sein. Ohne Luftblasen! Klebt im Zweifelsfall noch einen zweiten Streifen darüber. Es hilft auch, wenn ihr die Nadel vorher in Spülmittel taucht.

PROBIERT'S MAL ...

Es gibt auch eine Stelle, an der das Experiment ohne Klebefilm klappt: Ganz dicht am Knoten steht die Ballonhaut nur ganz wenig unter Spannung. Zumindest wenn der Ballon nicht zu weit aufgeblasen ist. Dort kann man die Nadel einstechen. Traut ihr euch?

DER WITZ

Schweben zwei Luftballons durchs Zimmer. Sagt der eine: „Vorsicht, ein Kaktussssssssssss….!" Fragt der andere: „Wasssssssss…?"

DER FAKIR-BALLON

Schwierigkeitsgrad    Dauer: 10 Minuten

WIE GEHT'S?

1. Legt eine Handvoll Heftzwecken ganz dicht nebeneinander mit der Spitze nach oben auf den Tisch.
2. Pustet einen Luftballon auf und knotet ihn zu.
3. Legt den Ballon auf die Heftzwecken.
4. Drückt vorsichtig von oben auf den Ballon.

WAS PASSIERT?

Der Ballon platzt nicht. Erst wenn ihr wirklich sehr kräftig drückt, dann knallt es.

Bäng

PROBIERT'S MAL ...

Ihr könnt auch messen, wie viel der Ballon aushält. Legt die Heftzwecken nicht auf den Tisch, sondern auf eine Waage. Wie viel Kilogramm Belastung hält der Ballon wohl aus, bis er platzt? Und was ändert sich, wenn ihr die Zahl der Heftzwecken verdoppelt?

WAS STECKT DAHINTER?

Wenn ihr den Ballon auf eine einzelne Heftzwecke drückt, platzt er sofort. Durch die Kraft, mit der ihr drückt, wird die Metallspitze durch die Gummihaut gepresst. Bei ganz vielen Heftzwecken verteilt sich aber der Druck auf eine größere Fläche. Und je größer die Auflagefläche ist, desto geringer ist der Druck auf die Ballonhaut.

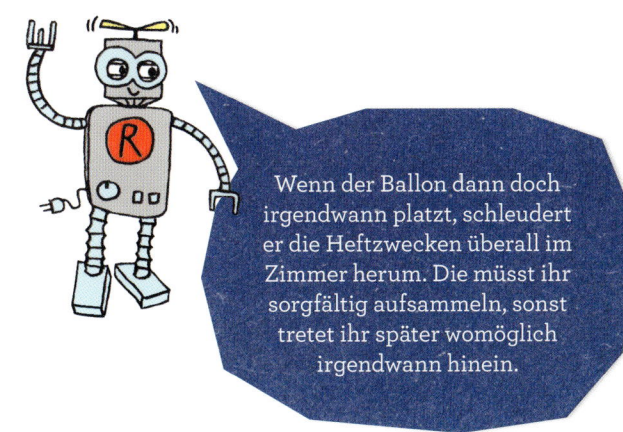

Wenn der Ballon dann doch irgendwann platzt, schleudert er die Heftzwecken überall im Zimmer herum. Die müsst ihr sorgfältig aufsammeln, sonst tretet ihr später womöglich irgendwann hinein.

ANGEBER-WISSEN

Vor etwa hundert Jahren gab es in Indien und später auch bei uns in Europa Männer, die einen besonderen Trick vorführten: Sie legten sich auf ein Brett, in das unzählige Nägel geschlagen waren. Diese „Fakire" beeindruckten das Publikum damals sehr, weil sie sich nicht an den Nägeln verletzten. Aber es war kein Wunder. Genau wie unser Ballon verteilten sie ihr Gewicht auf sehr viele Nagelspitzen.

CHECKER-LISTE

★ Je kleiner die Fläche, desto größer ist der Druck, den eine Kraft auf diese Fläche ausübt.

DER KÜHLER-BALLON

Schwierigkeitsgrad

Dauer: 10 Minuten

WIE GEHT'S?

1 Pustet einen Ballon auf, um ihn ein bisschen zu weiten, und lasst die Luft dann wieder heraus.

2 Füllt etwas kaltes Wasser in den leeren Ballon.

3 Pustet den Ballon auf und knotet ihn zu.

4 Zündet das Teelicht an.

5 Bewegt den Ballon langsam von oben auf die Flamme des Teelichts zu.

WAS PASSIERT?

Der Ballon platzt nicht. Auch wenn ihr ihn ganz dicht an die Flamme heranführt, hält er der Hitze stand.

WAS STECKT DAHINTER?

In einen leeren Ballon würde die Kerze sofort ein Loch brennen und ihn so zum Platzen bringen. Unser Ballon ist aber wassergekühlt. Das Wasser sammelt sich unten im Ballon, genau dort, wo die Flamme der Ballonhaut am nächsten ist. Das kalte Wasser nimmt die Hitze der Kerze auf, die Gummihaut des Ballons bleibt so kühl und stabil.

WO GIBT'S DAS NOCH?

Auch der Motor eines Autos wird durch Wasser (gemischt mit einem Kühlmittel) vor dem Überhitzen geschützt. Wenn das Auto fährt, wird im Motor Benzin verbrannt. Dadurch wird er sehr heiß. Das Kühlwasser umspült die Motorteile und kühlt sie dabei ab. Ganz vorne am Kühler gibt das Wasser dann die aufgenommene Hitze an die Luft ab.

Natürlich darf die Kerze nur da dem Luftballon nahe kommen, wo auch Wasser im Ballon ist. Sonst macht's Peng!

PROBIERT'S MAL ...

Dieses Experiment könnt ihr auch vorführen. Bittet jemanden, sich auf den Boden zu setzen und sich eine brennende Kerze (am besten in einem Kerzenhalter) über den Kopf zu halten. Dann kündigt ihr an, eurem Freiwilligen eine Dusche zu verpassen, und präsentiert den Luftballon mit dem Wasser. Dann nähert ihr ganz langsam den Luftballon von oben der Kerze ...

CHECKER-LISTE

★ Wasser kann Wärme aufnehmen und Dinge vor dem Überhitzen schützen.

FLIEGEN, FLATTERN, SCHWEBEN

Alles startklar? Seid ihr bereit zum Abheben? Eigentlich ist es ja völlig unglaublich, dass so ein tonnenschwerer Metallvogel von einer Startbahn hoch in die Luft steigen kann. Diese Experimente zeigen euch, was dahintersteckt. Ihr erlebt, was euer Duschvorhang mit einem Flugzeug zu tun hat. Und es gibt gleich mehrere Tricks, mit denen ihr eure Freunde verblüffen könnt: einen magisch schwebenden Tischtennisball! Und einen Pustewettbewerb, den ihr garantiert gewinnt. Guten Flug!

WAS BRAUCHT IHR?

* ein Blatt Papier
* eine Schere
* einen Föhn
* einen Tischtennisball
* eine Packung Bratschlauch

EIN BLATT HEBT AB

Schwierigkeitsgrad

Dauer: 10 Minuten

WIE GEHT'S?

❶ Schneidet von dem Blatt Papier einen etwa 10 cm breiten Streifen ab.

❷ Haltet die kurze Seite des Papierstreifens mit beiden Händen vor euren Mund. Das Papier hängt in einem Bogen hinunter.

❸ Pustet auf die Wölbung des Papierstreifens.

WAS PASSIERT?

Die herunterhängende Seite des Papierstreifens wird angehoben und flattert im Luftzug deiner Puste.

WAS STECKT DAHINTER?

Weil das Papier nach oben gewölbt ist, muss der Luftstrom beim Pusten auf der Oberseite einen längeren Weg nehmen als auf der Unterseite. Daher strömt die Luft oben schneller als unten. Dadurch entsteht über dem Papierstreifen ein niedrigerer Druck als unten drunter und das Papier wird hochgedrückt.

WO GIBT'S DAS NOCH?

Der Flügel eines Flugzeugs ist ganz ähnlich geformt wie das Blatt Papier im Experiment: unten glatt, oben gewölbt. Beim Start trifft von vorne ein schneller Luftstrom auf den Flügel. Wegen der Wölbung des Flügels muss die Luft oben einen weiteren Weg zurücklegen als die Luft, die unter dem Flügel hindurchströmt. Dann ist oben der Druck niedriger als unten und das Flugzeug hebt ab.

ANGEBER-WISSEN

Das größte Passagierflugzeug der Welt ist der Airbus A380. Wenn er beim Start auf mehr als 300 km/h beschleunigt, produzieren seine Flügel genug Sog, um die etwa 500 000 kg Gewicht in die Luft zu bringen.

Je leichter das Papier ist, desto besser funktioniert's!

CHECKER-LISTE

★ Ein schneller Luftstrom erzeugt einen niedrigen Druck.
★ Durch diesen Unterdruck können Dinge bewegt werden.

DER SCHWEBENDE BALL

Schwierigkeitsgrad

Dauer: 10 Minuten

WIE GEHT'S?

1. Stellt den Föhn wenn möglich auf Kaltluft und schaltet ihn ein.
2. Dreht den Föhn so, dass sein Luftstrom senkrecht nach oben pustet.
3. Haltet den Tischtennisball etwa 20 cm über dem Föhn in den Luftstrom und lasst den Ball vorsichtig los.

WAS PASSIERT?

Der Ball schwebt und tanzt im Luftstrom.

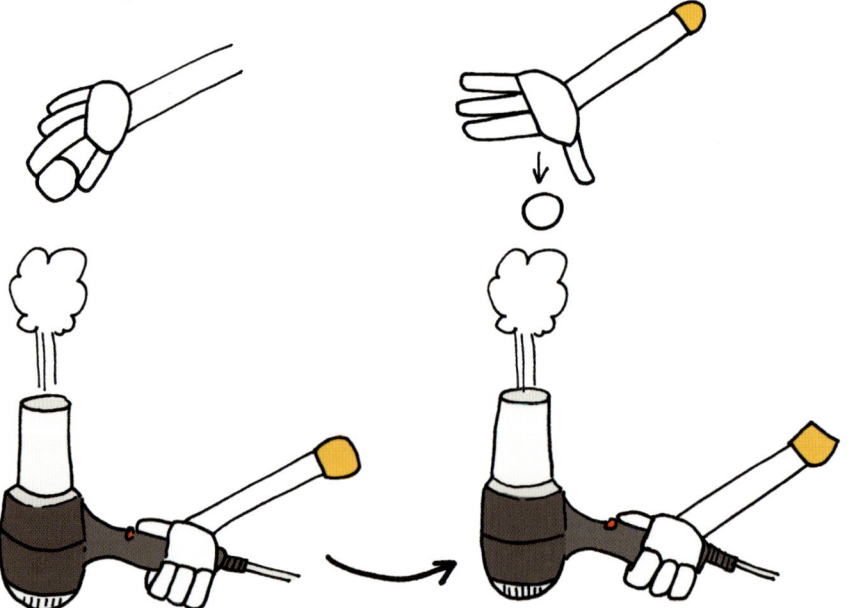

WAS STECKT DAHINTER?

Der Ball wird vom Föhn hochgepustet und von der Erdanziehung hinuntergezogen, so bleibt er immer auf derselben Höhe in der Luft stehen. Aber warum bricht er nicht links oder rechts aus dem Luftstrom aus? Ganz einfach: Sobald sich der Ball zum Beispiel links aus dem Luftstrom herausbewegt, kann die Luft rechts leichter, also schneller vorbeiströmen. Diese schnellere Strömung sorgt für einen niedrigeren Druck, also einen Sog. Und der zieht den Ball immer wieder in die Mitte zurück.

PROBIERT'S MAL ...

Wie weit könnt ihr den Föhn zur Seite kippen, ohne dass der Ball auf den Boden fällt?

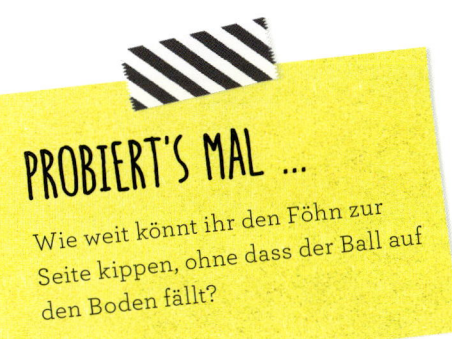

Den Ball zum Schweben zu bringen, braucht etwas Geduld. Umfasst ihn mit der ganzen Hand. Dann öffnet ihr die Hand etwas zu einem „Käfig" und lasst die Luft hindurchströmen, bis der Ball in eurer Hand tanzt. Dann öffnet ihr vorsichtig die Hand ganz.

Herr Bernoulli

ANGEBER-WISSEN

Diesen Zusammenhang zwischen einer schnellen Strömung und einem niedrigen Druck hat der Schweizer Physiker Daniel Bernoulli schon vor etwa 280 Jahren entdeckt. Man nennt ihn deshalb den „Bernoulli-Effekt".

MONSTER-PUSTE

Schwierigkeitsgrad

Dauer: 10 Minuten

WIE GEHT'S?

1 Rollt den Bratschlauch ganz aus und knotet ihn an einem Ende zu. Jetzt habt ihr einen zwei bis drei Meter langen „Bratsack".

2 Testet, wie lange ihr braucht, um den Sack komplett aufzupusten.

3 Lasst die Luft wieder aus dem Sack.

4 Nun bittet jemanden, das zugeknotete Ende des Sacks festzuhalten.

5 Haltet die offene Seite in etwa 20 cm Abstand vor den Mund und pustet einmal möglichst lang und kräftig hinein.

PROBIERT'S MAL ...

Wenn ihr es ein bisschen geübt habt, könnt ihr eure Freunde zum Wettpusten herausfordern! Statt durch Pusten könnt ihr den Sack aber auch durch Laufen füllen. Haltet die Öffnung auf und rennt mit dem Sack los. Auch so erzielt ihr den nötigen schnellen Luftstrom.

WAS PASSIERT?

Beim Testen habt ihr bestimmt eine ganze Minute gebraucht, bis der Sack voll war. Nun aber füllt sich der Sack durch nur einmal kräftig Pusten fast vollständig mit Luft.

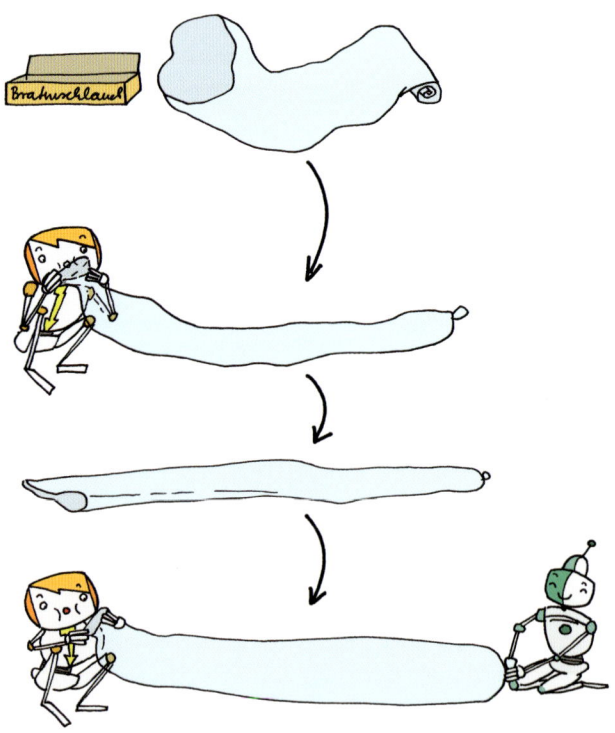

WAS STECKT DAHINTER?

Beim ersten Aufpusten kommt nur genau so viel Luft in den Sack, wie ihr auspustet. Beim zweiten Mal nutzt ihr einen Trick: Da ihr an der Öffnung ein bisschen Platz lasst, zieht die Strömung eurer Puste jede Menge weitere Luft mit in den Sack. Ähnliches passiert in der Badewanne: Wenn ihr mit der Hand schnell durchs Wasser fahrt, zieht ihr viel Wasser aus der Umgebung mit.

CHECKER-LISTE

* Ein schneller Luftstrom zieht Luft aus der Umgebung mit sich.
* So können wenige Liter Luft beim Pusten einen Hundert-Liter-Sack füllen.

Es ist wichtig, dass ihr den Foliensack erst einmal ganz aufpustet und wieder entleert. Sonst haften die Wände aneinander und die Luft kann nicht richtig hineinströmen.

ANGEBER-WISSEN

Den Trick, den ihr hier nutzt, nennt man Freistrahl. Er funktioniert ähnlich wie der Bernoulli-Effekt im vorigen Experiment. Der Unterschied: Bei Bernoulli strömt die Luft immer um ein Hindernis und wird dadurch schneller.

ES WERDE LICHT!

Diese Experimente sind ein unschlagbarer Grund, abends mal ein bisschen länger aufzubleiben. Denn sie funktionieren am besten, wenn es draußen schon dunkel ist. Dann könnt ihr die Effekte viel besser erkennen. Und wenn eure Eltern Einwände haben, könnt ihr sagen: Soll ich etwa nicht lernen, wie eine Energiesparlampe ihr Licht erzeugt? Ist es denn nicht wichtig, dass ich die Technik verstehe, die hinter dem Internet steckt? Das sollte genügen. Danach geht´s aber ab ins Bett!

WAS BRAUCHT IHR?

★ eine kleine Stabtaschenlampe mit „normaler" Glühbirne (also keine LED-Lampe)
★ eine CD oder DVD
★ eine Lampe mit Energiesparbirne
★ eine Nadel oder Sicherheitsnadel
★ ein kleines Stück Pappe
  (z. B. eine Visitenkarte)
★ eine Nagelschere
★ einen leeren Milchkarton
★ Klebeband
★ Wasser

DER ZERSTÜCKELTE REGENBOGEN

Schwierigkeitsgrad

Dauer: 10 Minuten

WIE GEHT'S?

1. Leuchtet mit der Taschenlampe schräg auf die silberne Seite der CD.
2. Betrachtet das reflektierte Licht.
3. Bewegt die CD dabei ein wenig hin und her, damit ihr die ganze Breite des reflektierten Lichtscheins sehen könnt.
4. Macht das Gleiche mit der Energiesparlampe.

WAS PASSIERT?

Wenn ihr das Licht der Taschenlampe betrachtet, seht ihr einen bunten Regenbogen. Beim Hin- und Herbewegen der CD kommen alle Farben von Rot über Gelb, Grün und Blau bis hin zu Violett zum Vorschein. Bei der Energiesparlampe müsst ihr etwas genauer hinschauen: Hier seht ihr nicht einen kontinuierlichen bunten Streifen, sondern nur einzelne bunte Flecken. Der Regenbogen ist zerstückelt. Ihr seht Abbilder der Lampe in unterschiedlichen Farben.

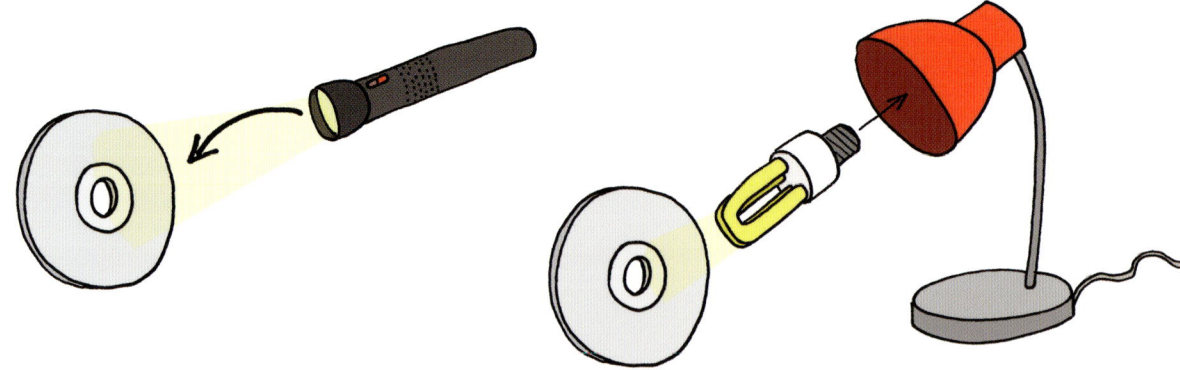

WAS STECKT DAHINTER?

Das Licht der Taschenlampe leuchtet zwar weiß, aber es ist (genau wie das Sonnenlicht) zusammengesetzt aus allen Farben des Regenbogens. Die silberne Schutzschicht der CD spaltet das Licht in seine vielen farbigen Bestandteile auf. Das Licht der Energiesparlampe ist anders und kann nur in wenigen bestimmten Farben leuchten. Und weil nicht alle Farben in diesem Licht vorhanden sind, hat der Regenbogen hier Lücken.

WO GIBT'S DAS NOCH?

Auch der große Regenbogen in der Natur entsteht ganz ähnlich wie im Experiment. Das Licht der Sonne wird durch die Regentropfen in der Luft in seine Bestandteile zerlegt. Das liegt daran, dass die Lichtwellen der einzelnen Farben im Wasser (genau wie in der CD) unterschiedlich stark abgelenkt und dadurch aufgefächert unser Auge erreichen.

DER WITZ

Wie viele Lehrer braucht man, um eine Glühbirne einzuschrauben? Zwei. Einen, der es macht, und einen, der es besser weiß.

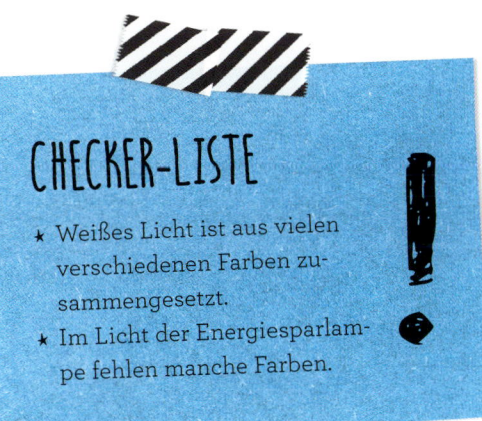

CHECKER-LISTE

★ Weißes Licht ist aus vielen verschiedenen Farben zusammengesetzt.
★ Im Licht der Energiesparlampe fehlen manche Farben.

ANGEBER-WISSEN

Das Licht in der normalen Taschenlampe wird durch das Erhitzen eines Glühfadens erzeugt. Bei einer Energiesparlampe ist das anders. Dort sorgen leuchtende Chemikalien an der Innenseite der Lampe für Licht.

DIE PAPP-LUPE

Schwierigkeitsgrad    Dauer: 10 Minuten

WIE GEHT'S?

❶ Stecht mit der Nadel ein etwa 1 Millimeter großes Loch in die Pappe.

❷ Schließt ein Auge und führt einen Finger so nah davor, dass ihr ihn nur noch unscharf seht.

❸ Haltet den Finger auf diesem Abstand, schiebt die Pappe zwischen euer Auge und den Finger.

❹ Betrachtet den Finger durch das Loch in der Pappe.

WAS PASSIERT?

Durch das Loch in der Pappe seht ihr die Fingerspitze zwar etwas dunkler, dafür aber schärfer.

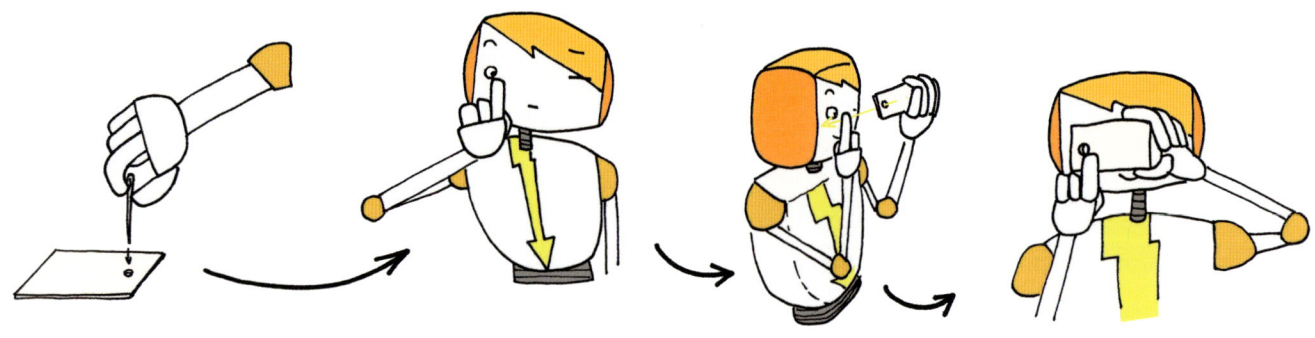

WAS STECKT DAHINTER?

Diese „Lochblende" zeigt, wie „Sehen" funktioniert: Das Licht der Sonne oder einer Lampe trifft auf einen Gegenstand und wird von ihm in alle Richtungen reflektiert. Dieses reflektierte Licht erreicht unsere Augen. Die Augenlinsen bündeln die Lichtstrahlen, sodass wir ein scharfes Bild sehen. Wenn ein Gegenstand aber ganz nah ist, strahlt das reflektierte Licht so stark auseinander, dass die Augenlinsen diese Strahlen nicht mehr zu einem scharfen Bild bündeln können. Hier hilft die Lochblende: Sie schneidet aus dem großen Lichtstrahlenbündel einen engen Strahl aus, der von den Augenlinsen dann wieder zu einem scharfen Bild gebündelt werden kann.

WO GIBT'S DAS NOCH?

Auch beim Fotografieren nutzt man oft den Trick aus dem Experiment: Will man die Schärfe erhöhen, dann macht man die Öffnung, durch die das Licht in den Fotoapparat fällt (die „Blende"), kleiner. Dadurch muss man aber länger belichten, weil das Bild sonst zu dunkel wird.

CHECKER-LISTE

★ „Sehen" heißt: Lichtstrahlen werden von einem Gegenstand reflektiert und erreichen unser Auge.
★ Die Linse in unserem Auge macht aus den Lichtstrahlen ein scharfes Bild.

ANGEBER-WISSEN

Nichts ist schneller als das Licht. Es rast mit der unvorstellbaren Geschwindigkeit von rund 300000 Kilometern in der Sekunde durch die Gegend. Das heißt, ein Lichtstrahl könnte in nur einer Sekunde siebeneinhalbmal die Erde umkreisen. Aber um die riesigen Entfernungen im Weltall zurückzulegen, benötigt auch das Licht seine Zeit: Das Sonnenlicht braucht bis zur Erde mehr als acht Minuten.

GEBOGENES LICHT

Schwierigkeitsgrad  Dauer: 20 Minuten

WIE GEHT'S?

1 Bohrt mit der Nagelschere zwei gegenüberliegende Löcher in das untere Ende der Milchpackung. Das eine Loch sollte 5-10 mm groß sein, das andere gerade groß genug, um die kleine Stabtaschenlampe durchzustecken.

2 Schiebt die Taschenlampe durch das Loch in die Packung bis kurz vor das andere kleinere Loch.

3 Schaltet die Lampe ein, sodass sie genau durch das zweite Loch hinausleuchtet.

4 Macht alle anderen Lichter im Raum aus.

5 Haltet die Milchpackung über die Spüle und schaut, wo das Licht der Taschenlampe an die Wand fällt.

6 Füllt die Milchpackung mit Wasser.

WAS PASSIERT?

Zuerst strahlt das Licht gerade aus der Packung heraus. Wenn das Wasser dann das Loch erreicht, verschwindet der Lichtfleck an der Wand. Stattdessen wird das Licht hinunter in die Spüle geleitet. Es folgt dem Wasserstrahl, der aus dem Loch kommt.

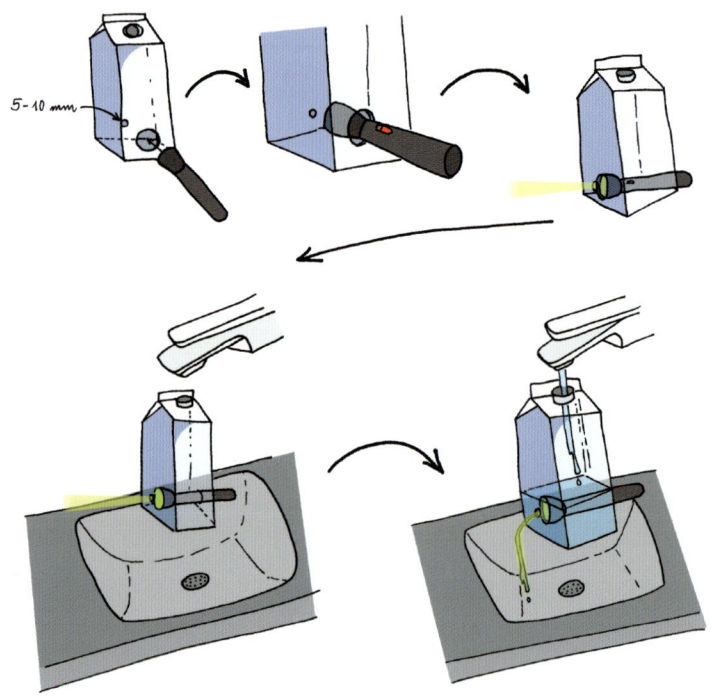

5-10 mm

WAS STECKT DAHINTER?

Licht kann man biegen. Die Taschenlampe strahlt ihr Licht in den Wasserstrahl. Innen an den Wänden des Strahls wird das Licht reflektiert, so wie ein Gummiball, der gegen eine Wand titscht. Man nennt diesen Effekt „Totalreflektion". Das Licht kann nicht aus dem Strahl heraus, sondern folgt ihm – sogar um die Kurve.

WO GIBT'S DAS NOCH?

Was ihr im Experiment seht, ist auch die Grundlage des Internets. Die Computerdaten werden als Lichtsignale verschlüsselt. Dann saust dieses Licht in hauchdünnen Glasfaserkabeln rund um die Welt, genauso wie das Licht im Experiment dem Wasserstrahl folgt.

Falls ihr nicht sicher seid, ob eure Taschenlampe wasserdicht ist, könnt ihr sie in eine durchsichtige Tüte stecken.

PROBIERT'S MAL ...

Vielleicht habt ihr ja zu Hause auch einen Laserpointer. Mit diesem stark gebündelten farbigen Licht funktioniert der Effekt am besten.

CHECKER-LISTE

★ Licht kann in einem Wasserstrahl gefangen und um die Kurve geleitet werden.

UNSICHTBARE ANZIEHUNG

MAGNETE KANN MAN SELBER MACHEN

Welcher ist der größte Magnet, den ihr kennt? Der Kühlschrankmagnet zu Hause? Oder der Stabmagnet im Experimentierkasten in der Schule? Oder der dicke Elektromagnet auf dem Schrottplatz bei euch in der Nähe, der sogar Autos anheben kann? Alles falsch. Der größte Magnet, den ihr kennt, ist die Erde. Sie ist von einem Magnetfeld umgeben und hat einen magnetischen Nord- und Südpol. Das Magnetfeld der Erde ist zwar nicht besonders stark, aber mit diesem Kompass könnt ihr trotzdem seine Richtung messen. Los geht´s mit ein paar absolut anziehenden Experimenten!

WAS BRAUCHT IHR?

★ etwa 50 cm Faden oder Garn
★ eine Nadel
★ einen Löffel oder ein Messer aus Metall
★ einen Magneten (den stärksten, den ihr
  zu Hause finden könnt)
★ etwas Wasser
★ einen Teller
★ ein Stück Küchenpapier (oder Klopapier
  oder ein Papiertaschentuch)
★ eine Schere
★ etwa 20 cm dünnes Kabel (z. B. „Klingeldraht")
★ ein scharfes Messer
★ einen Nagel
★ eine Batterie

DIE MAGNETISCHE NADEL

Schwierigkeitsgrad    Dauer: 10 Minuten

WIE GEHT'S?

1. Fädelt das Garn durch die Öse der Nadel.
2. Lasst die Nadel am Faden baumeln.
3. Bewegt den Löffel auf die Nadel zu und schaut, was passiert.
4. Nun legt die Nadel auf den Tisch und reibt einige Male fest mit dem Magneten darüber.
5. Lasst die Nadel wieder am Faden baumeln und bewegt den Löffel erneut darauf zu.

WAS PASSIERT?

Beim ersten Mal reagiert die Nadel überhaupt nicht auf den Löffel. Nach dem Reiben mit dem Magneten wird sie zum Löffel hingezogen.

PROBIERT'S MAL ...

Könnt ihr auch andere Gegenstände aus Metall magnetisieren? Einen Nagel oder sogar ein Messer?

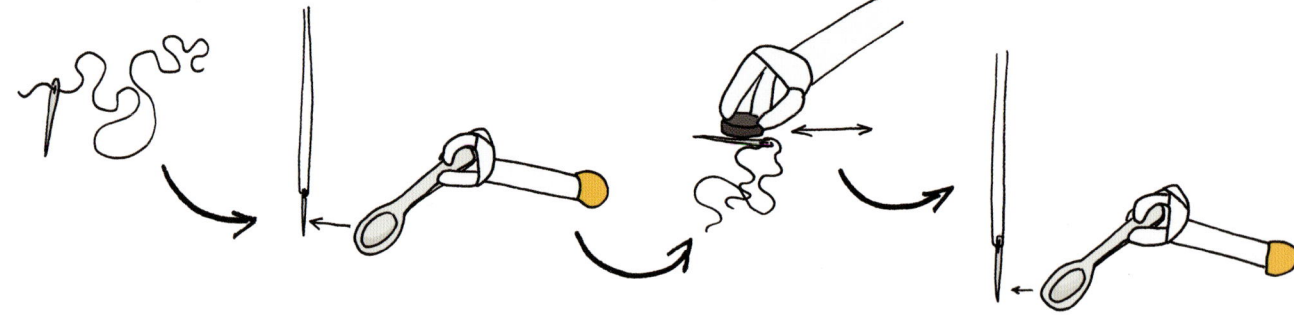

WAS STECKT DAHINTER?

Ihr habt die Nadel „magnetisiert", das heißt, ihr habt aus ihr einen Magneten gemacht. Die Nadel besteht vor allem aus Eisen. In Eisen gibt es sehr viele winzige magnetische Bereiche. Normalerweise sind diese Mini-Magnete völlig ungeordnet. Das heißt, ihre Anziehung geht in alle möglichen Richtungen und hebt sich insgesamt auf. Die Nadel ist dann nicht magnetisch anziehend. Durch das Streichen mit dem Magneten ordnet ihr die winzigen Magnete in der Nadel in eine Richtung. Dadurch wird aus der Nadel ein Magnet, der den Löffel anzieht.

Entscheidend ist, dass ihr mit dem Magneten richtig reibt: Immer nur in eine Richtung und immer über die gesamte Länge der Nadel. Wenn ihr nur den Faden festhaltet und dann vom Ende zur Spitze der Nadel streicht, geht es am besten.

CHECKER-LISTE

★ In Eisen sind unzählige winzige ungeordnete Magnete, deren Wirkung sich aufhebt.
★ Ein Magnet kann diese Mini-Magnete im Eisen ordnen, sodass es magnetisch wird.

ANGEBER-WISSEN

Material kann auf unterschiedliche Weise magnetisch sein. Am Anfang des Experiments ist die Nadel „ferromagnetisch": Sie besteht aus Eisen und kann magnetisiert werden. Diese Magnetisierung geht aber schnell wieder verloren. Ein Metallstück, das dauerhaft magnetisch ist (z. B. der Magnet, den ihr zum Magnetisieren verwendet), nennt man „Permanentmagnet".

DER SCHWIMMENDE KOMPASS

Schwierigkeitsgrad

Dauer: 10 Minuten

WIE GEHT'S?

1. Füllt etwas Wasser in den Teller.
2. Löst eine Lage von dem Stück Küchenpapier.
3. Schneidet ein etwa 2 cm breites Stück ab, das so lang ist wie die Nadel.
4. Legt das Papierstück mitten im Teller auf das Wasser.
5. Legt die magnetisierte Nadel auf das schwimmende Papierstück.

WAS PASSIERT?

Die Nadel dreht sich langsam in Richtung Norden. Ob sie mit der Spitze oder dem Ende nach Norden zeigt, hängt davon ab, mit welchem Magnetpol ihr über die Nadel gerieben habt.

Ob euer Kompass korrekt nach Norden zeigt, könnt ihr mit einem richtigen Kompass prüfen. Oder mit einer gratis Kompass-App fürs Handy.

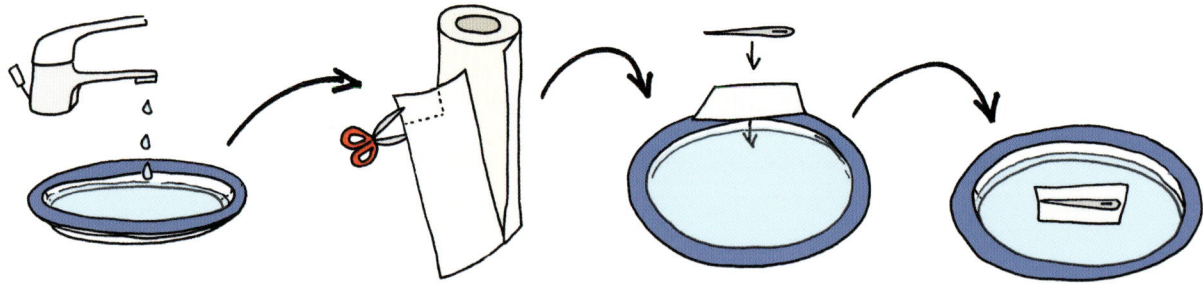

PROBIERT'S MAL ...

Fragt doch mal einen Erwachsenen, wie man eine Nadel zum Schwimmen bringen kann. Ob er wohl auf den Trick mit dem Papierstück kommt? Wenn ihr sehr vorsichtig seid, könnt ihr sogar das Papier unter der Nadel wegdrücken. Dann schwimmt sie ganz ohne Hilfsmittel. Warum das so ist, seht ihr auf S. 41.

WAS STECKT DAHINTER?

Die schwimmende Nadel ist ein Kompass. Sie richtet sich nach dem Magnetfeld der Erde aus. Unser Planet ist ein ganz schwacher, aber riesiger Magnet. Normalerweise spüren wir die Wirkung dieses Magneten nicht. Da es aber nur sehr wenig Kraft braucht, um die schwimmende Nadel zu drehen, reicht das Magnetfeld der Erde aus, um die Nadel auszurichten.

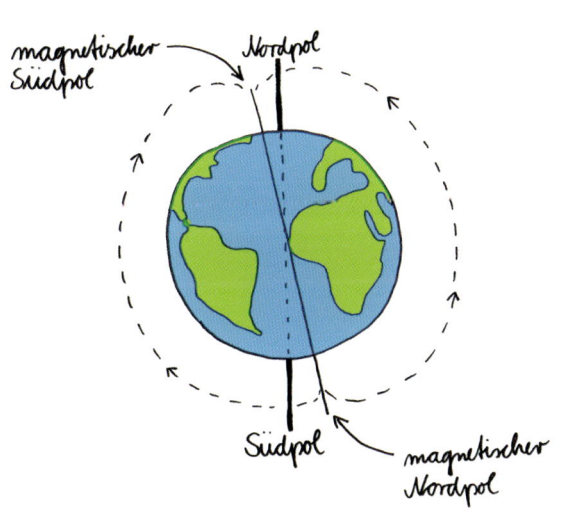

magnetischer Südpol — Nordpol

Südpol — magnetischer Nordpol

CHECKER-LISTE

* Die Erde ist ein riesiger, aber sehr schwacher Magnet.
* Eine schwimmende magnetisierte Nadel wird nach dem Erdmagnetfeld ausgerichtet.

ANGEBER-WISSEN

Die Magnetpole der Erde liegen nicht genau am Nord- und Südpol der Erdkugel, sondern einige tausend Kilometer davon entfernt. Diese Magnetpole verändern sogar ihre Lage: Jedes Jahr wandert der magnetische Nordpol etwa 40 km weiter. Und noch verrückter: Eigentlich liegt nahe dem Nordpol der magnetische Südpol. Denn bei Magneten ziehen sich immer die gegensätzlichen Pole an.

VOM NAGEL ZUM MAGNETEN

Schwierigkeitsgrad  Dauer: 20 Minuten

WIE GEHT'S?

1. Entfernt an beiden Enden des Kabels 1 cm der Plastikisolierung: vorsichtig mit einem Messer einritzen und dann abziehen.
2. Wickelt das ganze Kabel in vielen Windungen um den Nagel. Lasst dabei an beiden Enden einige Zentimeter des Kabels abstehen, sodass ihr gut an die Enden herankommt.
3. Haltet die Enden des Kabels an die Pole der Batterie.
4. Bewegt den Nagel mit der Spitze auf den Löffel zu.

WAS PASSIERT?

Der Nagel zieht den Löffel an. Wenn ihr den Kontakt zur Batterie löst, dann verschwindet diese magnetische Anziehung.

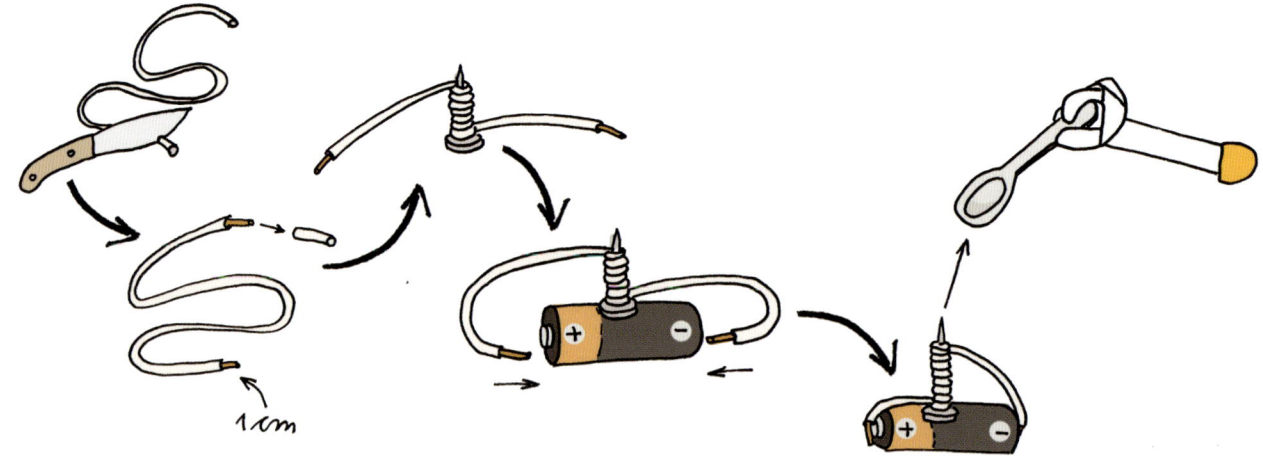

1 cm

WAS STECKT DAHINTER?

Ihr habt aus dem Nagel einen Elektromagneten gemacht. Wenn ihr die Kabelenden an die Batterie haltet, fließt ein Strom durch das Kabel. Jeder elektrische Strom erzeugt ein Magnetfeld rund um den Stromleiter. Dieses Magnetfeld magnetisiert den Nagel und macht ihn zu einem Stabmagneten. Wenn kein Strom mehr fließt, verschwindet der größte Teil der Magnetisierung wieder.

WO GIBT'S DAS NOCH?

Elektromagnete findet ihr an ganz vielen Stellen im Alltag: In einer elektrischen Klingel bewegt ein Elektromagnet den Klöppel. Und auf einem Schrottplatz hebt der Kran die Autos mit einem Elektromagneten an. Ein solcher Magnet kann mehrere tausend Kilo heben.

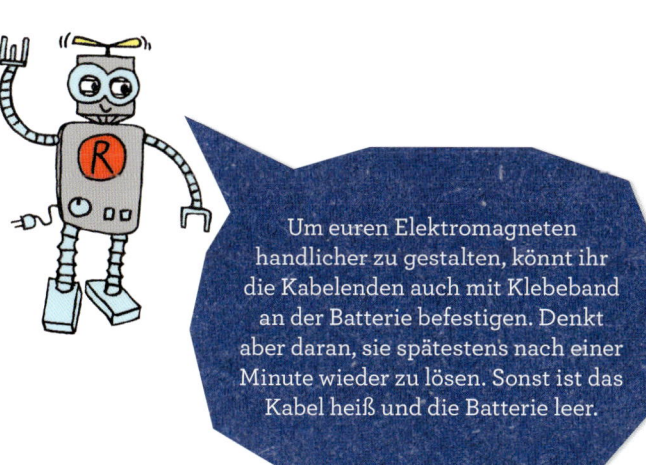

Um euren Elektromagneten handlicher zu gestalten, könnt ihr die Kabelenden auch mit Klebeband an der Batterie befestigen. Denkt aber daran, sie spätestens nach einer Minute wieder zu lösen. Sonst ist das Kabel heiß und die Batterie leer.

CHECKER-LISTE

★ Elektrischer Strom erzeugt ein Magnetfeld.

DER WITZ

Was sagt der Magnet, wenn er vor seinem Kleiderschrank steht? „Ich weiß überhaupt nicht, was ich heute anziehen soll!"

OHREN AUF, DIE LUFT SCHWINGT!

DIE ERSTAUNLICHE WELT DER TÖNE

In diesem Kapitel erlebt ihr die regelmäßige longitudinale Schwankung des Luftdrucks – Hä?!? Ganz einfach: Töne! Bei diesen Experimenten wird es musikalisch. Es geht um Klänge und wie sie entstehen. Ihr bringt einen Ballon zum Singen und erlebt, dass man mit Tönen sogar zaubern kann. Aber das ist nicht alles: Ganz nebenbei erfahrt ihr hier, warum ihr in euren Lieblings-Weltraum-Filmen an der Nase (oder eigentlich an den Ohren) herumgeführt werdet.

WAS BRAUCHT IHR?

★ eine sechseckige Schrauben-
   mutter
★ einen Luftballon
★ zwei gleiche Glasflaschen
★ Wasser
★ einen Löffel
★ zwei gleiche Rotweingläser
★ einen Strohhalm
★ eine Schere

DIE BALLON-SIRENE

Schwierigkeitsgrad

Dauer: 10 Minuten

WIE GEHT'S?

1 Nehmt eine Mutter und steckt sie in den Luftballon.

2 Pustet den Ballon auf und knotet ihn zu.

3 Schwenkt den Ballon gleichmäßig im Kreis, sodass die Mutter an der Innenwand entlangwirbelt.

WAS PASSIERT?

Es ertönt ein jaulender Ton, mal höher, mal tiefer – je nachdem, wie schnell ihr den Ballon schwenkt.

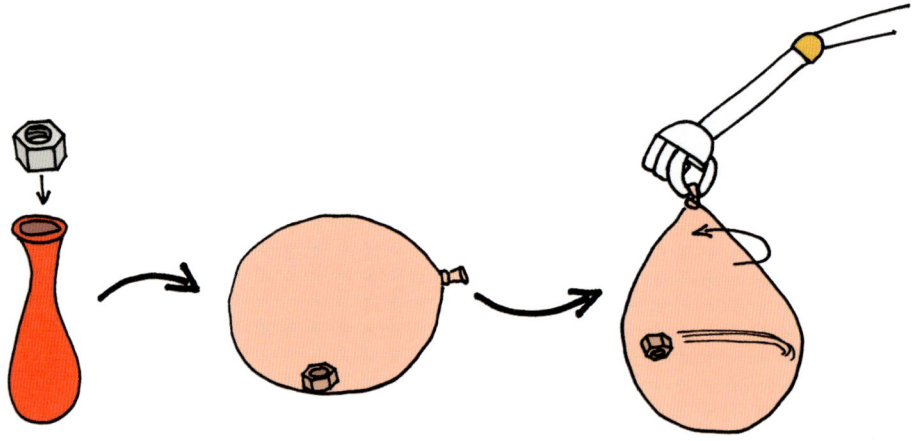

WAS STECKT DAHINTER?

Wenn die Mutter an der Innenwand des Ballons entlangläuft, schlagen ihre sechs Ecken in schneller Folge an die Gummihaut. Die Luft außerhalb des Ballons wird in Schwingungen versetzt, die unsere Ohren als Ton wahrnehmen. Je schneller die Rotation der Mutter, desto schneller die Schwingungen der Luft und desto höher ist der Ton, den wir hören.

WO GIBT'S DAS NOCH?

Bei vielen lauten Dingen im Alltag hängt die Tonhöhe von der Geschwindigkeit ab: bei einer knatternden Spielzeug-Ratsche genauso wie beim Mixer oder bei einer Waschmaschine.

Den Ballon so zu schwingen, dass ein Ton entsteht, klappt nicht bei jedem auf Anhieb. Da hilft nur geduldig sein und noch mal probieren …

CHECKER-LISTE

★ Töne sind Schwingungen der Luft.

PROBIERT'S MAL …

Findet ihr noch andere kleine Dinge mit regelmäßigen Ecken, mit denen es funktioniert? Auch eine 20-Cent-Münze kann den Ballon zum Singen bringen.

DIE FLASCHEN-ORGEL

Schwierigkeitsgrad

Dauer: 10 Minuten

WIE GEHT'S?

1. Füllt eine der beiden Glasflaschen etwa zur Hälfte mit Wasser.
2. Pustet über die Öffnung der Flaschen, sodass ein Ton entsteht, und vergleicht die Höhe der Töne: Welche Flasche klingt höher, welche tiefer?
3. Nun schlagt mit einem Löffel vorsichtig gegen die Wände der Flaschen. Welche erzeugt nun den höheren Ton?

WAS PASSIERT?

Beim Pusten erzeugt die mit Wasser gefüllte Flasche den höheren Ton. Beim Anschlagen mit dem Löffel hingegen klingt sie tiefer als die leere Flasche.

WAS STECKT DAHINTER?

Wir erzeugen hier die Töne auf unterschiedliche Weise. Beim Pusten versetzen wir die Luft in der Flasche in Schwingung. Wenig Luft schwingt schneller als viel Luft, daher klingt die mit Wasser gefüllte Flasche höher. Beim zweiten Teil bringen wir die Glaswände der Flaschen in Schwingung, um den Ton zu erzeugen. Hier dämpft das Wasser die Schwingung und macht sie langsamer. Daher klingt hier die gefüllte Flasche tiefer.

CHECKER-LISTE

★ Je schneller die Luft schwingt, desto höher ist der entstehende Ton.

WO GIBT'S DAS NOCH?

Ganz ähnlich wie beim Pusten über die Flaschen werden auch die Töne in einer Kirchenorgel erzeugt. Auch hier gilt: große Orgelpfeife = viel bewegte Luft = tiefer Ton.

Mit mehreren Flaschen könnt ihr euch eine richtige Wasserorgel bauen, die ihr durch Anschlagen oder Pusten spielen könnt.

ANGEBER-WISSEN

Wir brauchen die Luft also nicht nur zum Atmen, sondern auch zum Hören! Im luftleeren Raum, zum Beispiel im Weltall, kann man also gar keine Töne wahrnehmen. Trotzdem rumst und kracht es in Filmen oft, wenn Raumschiffe im Weltall miteinander kämpfen. Das ist aber eigentlich Quatsch. Wenn der „Todesstern" explodiert, hört man keinen Ton!

DER TANZENDE STROHHALM

Schwierigkeitsgrad  Dauer: 20 Minuten

WIE GEHT'S?

1 Füllt die beiden Gläser möglichst gleich hoch mit Wasser.

2 Macht die Fingerkuppe feucht und streicht in gleichmäßigem Tempo über den Glasrand, bis ihr einen Ton erzeugt.

3 Vergleicht die Töne der beiden Gläser. Falls sie sich unterscheiden, füllt ihr in das mit dem höher klingenden Ton noch ein paar Tropfen Wasser.

4 Stellt die Gläser ganz dicht nebeneinander, ohne dass sie sich berühren.

5 Schneidet ein Stück vom Strohhalm ab und legt es auf den Rand des einen Glases.

6 Streicht nun mit dem Finger über den Rand des anderen Glases, sodass ein Ton erklingt. Beobachtet den Strohhalm.

WAS PASSIERT?

Der Strohhalm beginnt, auf dem Glasrand zu tanzen wie von einer unsichtbaren Hand bewegt.

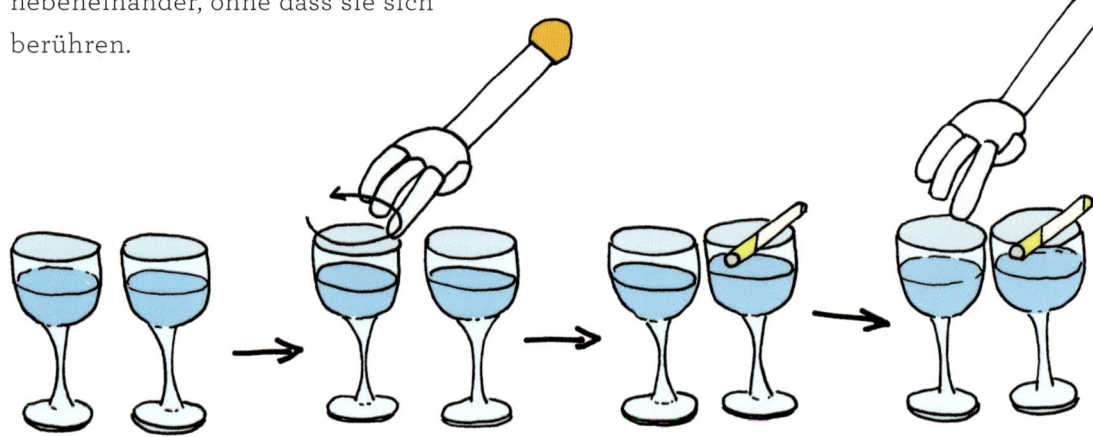

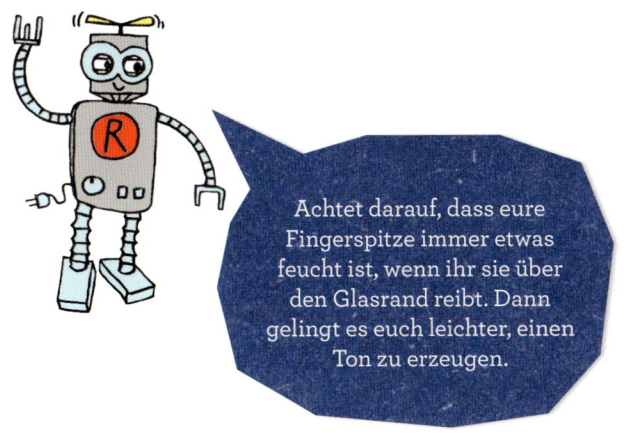

Achtet darauf, dass eure Fingerspitze immer etwas feucht ist, wenn ihr sie über den Glasrand reibt. Dann gelingt es euch leichter, einen Ton zu erzeugen.

WO GIBT'S DAS NOCH?

Wenn ihr manchmal im Wohnzimmer sehr laut Musik hört, kann es passieren, dass die Fensterscheiben bei bestimmten Tönen anfangen zu vibrieren. Auch hier überträgt sich die Luftschwingung aus den Lautsprechern auf das Glas der Scheiben.

WAS STECKT DAHINTER?

Durch das Reiben über den Glasrand im richtigen Tempo versetzt ihr das Glas in eine Schwingung, die als Ton hörbar wird. Das Glas überträgt die Schwingung auf die Luft, die dann auch das zweite Glas zum Schwingen bringt. Das funktioniert aber nur, wenn die Gläser genau gleich hoch mit Wasser gefüllt sind. Denn nur dann kann die Schwingung des einen Glases das andere auch zum Schwingen bringen, weil beide Gläser die gleiche „Lieblingsschwingung" (Eigenschwingung) haben.

ANGEBER-WISSEN

Der Ton beim Reiben über den Glasrand entsteht durch einen sogenannten Haftgleiteffekt. Der feuchte Finger gleitet ruckartig über das Glas, stoppt immer wieder ganz kurz und rutscht dann weiter. Dadurch gerät das Glas in Schwingung.

FLUGDRACHEN & WASSERKURVEN

Habt ihr euch nicht auch schon mal gewünscht, Dinge bewegen zu können, ohne sie zu berühren? Wie von einer unsichtbaren Hand gesteuert? Schon gleitet das Marmeladenglas über den Frühstückstisch zu eurem Teller. Zack, schwebt die Fernsehfernbedienung in eure Hand. Die folgenden drei Experimente verleihen euch solche „magischen" Fähigkeiten. Denn mit einem einfachen Luftballon bringt ihr Dinge zum Hüpfen und Schweben und lasst sogar Wasser um die Ecke fließen.

WAS BRAUCHT IHR?

* einen Luftballon
* ein Blatt Seidenpapier (oder eine Schicht mehrlagiges Klopapier)
* eine Schere
* einige Blätter Küchenpapier (oder Wollsocken)
* eine Plastiktüte aus möglichst dünner Folie (z. B. eine Obsttüte aus dem Supermarkt)
* einen Wasserhahn

DIE VOLLE LADUNG

Schwierigkeitsgrad

Dauer: 20 Minuten

WIE GEHT'S?

❶ Pustet den Luftballon auf und knotet ihn zu.

❷ Schneidet aus dem dünnen Papier eine kleine Figur aus, nicht größer als 5 cm.

❸ Reibt mit dem Küchenpapier oder der Wollsocke mehrmals kräftig über den Luftballon.

❹ Legt das Papiermännchen auf den Tisch und nähert langsam den Ballon.

WAS PASSIERT?

Das Männchen richtet sich auf und hüpft hoch an den Ballon.

PROBIERT'S MAL ...

Wenn der Ballon gut aufgeladen ist, bleibt er sogar an der Wand hängen, weil er sie so stark anzieht.

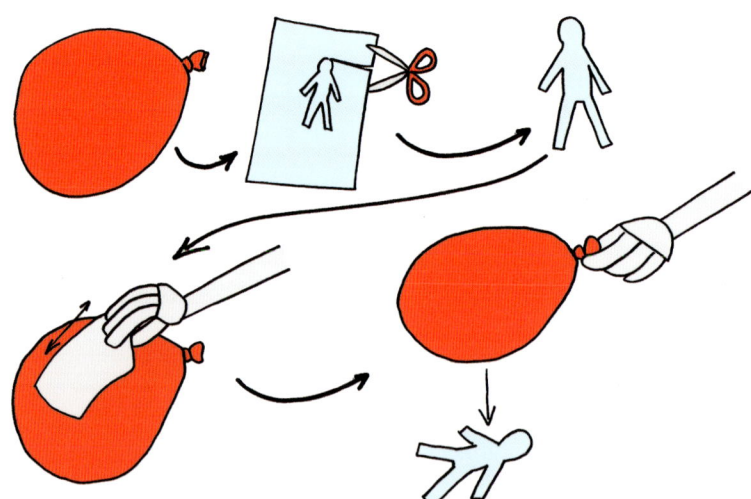

WAS STECKT DAHINTER?

Alle Dinge in unserer Welt enthalten elektrische Ladungen, positive und negative. Normalerweise bemerken wir diese Ladungen jedoch nicht, weil genauso viele positive wie negative Ladungen an einem Gegenstand sind. Die unterschiedlichen Ladungen gleichen sich dann aus. Wenn wir mit dem Papier über den Ballon reiben, kommen zusätzliche negative Ladungen auf den Ballon. Der Ballon ist dann negativ elektrisch geladen. Dadurch zieht er das Papiermännchen an wie ein Magnet.

Feuchtigkeit macht das Experiment kaputt! Tisch und Hände sollten ganz trocken sein. Auch wenn es draußen regnet, hüpft das Männchen schlechter.

CHECKER-LISTE

★ Es gibt positive und negative elektrische Ladungen.
★ Normalerweise gleichen sich alle Ladungen aus.
★ Ist etwas elektrisch geladen, dann zieht es Dinge an.

ANGEBER-WISSEN

Ganz ähnlich wie in unserem Experiment entdeckten die Menschen vor mehr als 2 500 Jahren die Elektrizität. Der griechische Gelehrte Thales von Milet bemerkte, dass Bernstein kleine Staubteilchen anzieht, wenn man ihn vorher an Stoff reibt. Das griechische Wort für Bernstein ist: „elektron".

DIE MAGISCHE FOLIE

Schwierigkeitsgrad    Dauer: 20 Minuten

WIE GEHT'S?

❶ Schneidet aus der Plastiktüte ein rechteckiges Stück aus, etwa 5 x 10 cm.

❷ Schneidet in dieses Rechteck 5–6 lange Fransen.

❸ Legt das Stück Folie auf den Tisch und reibt mit dem Küchenpapier darüber.

❹ Reibt mit dem Küchenpapier auch über den Luftballon.

❺ Werft das Folienstück in die Luft und haltet den Luftballon darunter.

WAS PASSIERT?

Die Folie schwebt über dem Ballon. Die Fransen streckt sie dabei wie Beine in alle Richtungen zur Seite. Mit dem Ballon könnt ihr den „Foliendrachen" vorsichtig durch die Luft steuern.

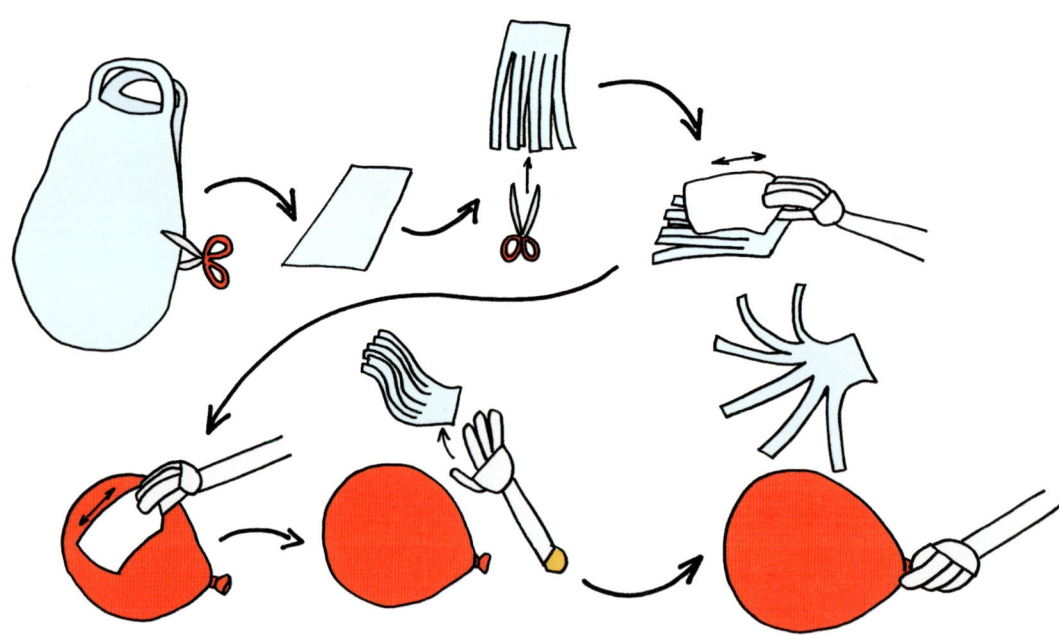

WAS STECKT DAHINTER?

Wie im vorigen Experiment ladet ihr beim Reiben mit dem Küchenpapier den Ballon und die Folie elektrisch auf. Beide sind dann negativ geladen. Gleiche Ladungen stoßen sich voneinander ab. Deshalb kann der Ballon den Foliendrachen nach oben drücken, sodass er in der Luft schwebt.

WO GIBT'S DAS NOCH?

Bei manchem Pullover stehen dir die Haare zu Berge, wenn du ihn über den Kopf gezogen hast. Dabei passiert das Gleiche wie beim Reiben mit dem Küchenpapier: Die Haare werden negativ aufgeladen und stoßen sich voneinander ab wie die Fransen der Folie.

CHECKER-LISTE

★ Gleiche elektrische Ladungen stoßen sich ab.

Es ist nicht ganz leicht, die Folie in die Luft zu werfen. Denn wie bei dem Papiermännchen im vorigen Experiment wird die geladene Folie von der Hand angezogen. Du musst sie möglichst ruckartig hochwerfen, damit sie sich von der Hand löst.

ANGEBER-WISSEN

Ein Blitz bei Gewitter entsteht durch eine gigantische elektrische Aufladung, die ganz ähnlich erzeugt wird wie bei eurem Ballon: In den Wolken reiben Luftschichten aneinander und laden sich dadurch elektrisch auf. Irgendwann ist die Ladung so groß, dass sie in einem Funken zum Erdboden schießt. Dabei wird die Luft auf bis zu 30 000 Grad erhitzt.

EXPERIMENT 3

GEBOGENES WASSER

Schwierigkeitsgrad

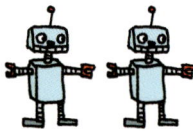

Dauer: 10 Minuten

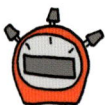

WIE GEHT'S?

1. Reibt wieder mit dem Küchenpapier über den Ballon, um ihn aufzuladen.
2. Dreht den Wasserhahn ein klein wenig auf, sodass ein möglichst dünner Wasserstrahl herauskommt.
3. Nähert den Ballon langsam dem oberen Bereich des Wasserstrahls.

WAS PASSIERT?

Der Wasserstrahl wird gebogen. Er wird in die Richtung gezogen, aus der ihr den Ballon nähert.

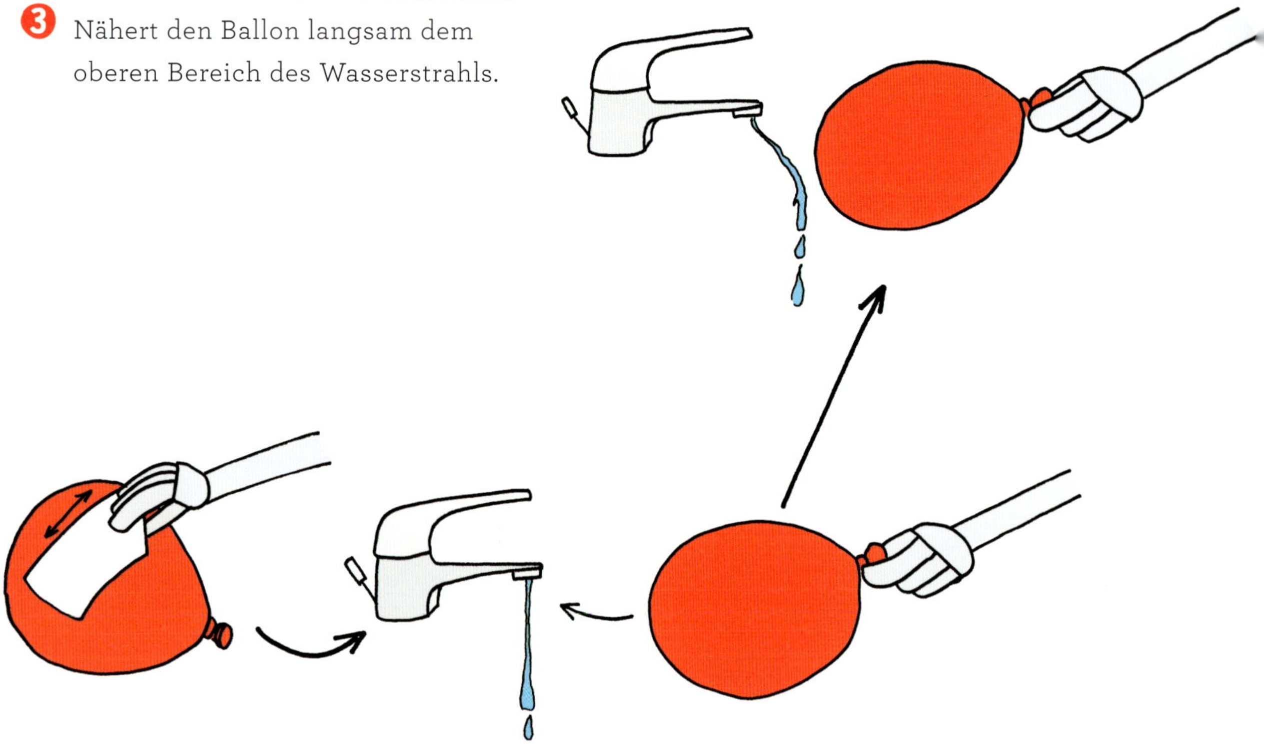

WAS STECKT DAHINTER?

Wasser besteht aus unzähligen winzigen Wasserteilchen. Diese Teilchen sind auf der einen Seite ein wenig positiv, auf der anderen etwas negativ elektrisch geladen. Insgesamt ist das Wasser elektrisch ungeladen. Aber wenn ihr den negativ aufgeladenen Ballon nähert, dann zieht er die positiven Seiten der Wasserteilchen an. Dadurch wird der ganze Wasserstrahl angezogen und in Richtung Ballon gebogen.

Der Wasserstrahl muss möglichst dünn sein. Er sollte aber nicht nur aus einzelnen Tropfen bestehen. Diese Tröpfchen geraten nämlich leicht an unseren Luftballon und nehmen ihm die elektrische Ladung. Wenn der Ballon nass gespritzt wird, müsst ihr ihn gründlich abtrocknen, bevor ihr ihn neu aufladet.

DER WITZ

Kommt ein Schwein an einer Steckdose vorbei: „Arme Sau, haben sie dich eingemauert?"

ANGEBER-WISSEN

Wir haben hier zwar mit elektrischen Ladungen experimentiert, aber nicht mit elektrischem Strom. Strom fließt erst dann, wenn sich die Ladungen gezielt in eine Richtung bewegen, zum Beispiel in einem Kabel. Die Ladungen auf unserem Ballon sind fast unbeweglich, man sagt auch: „statisch". Unsere Experimente gehören daher zum Bereich der „Elektrostatik".

ES KNISTERT UND BRIZZELT!

DIE UNGEWÖHNLICHSTEN STROMKREISE DER WELT

Vielleicht habt ihr schon mal mit elektrischem Strom experimentiert. Meist habt ihr dann einen Stromkreis gebaut: mit einer Batterie als Stromquelle, ein paar Kabeln und einem Lämpchen, vielleicht auch einem Schalter. Stromkreis schließen, Lämpchen leuchtet, fertig. In diesen Experimenten baut ihr auch Stromkreise – aber mit höchst ungewöhnlichen Materialien. Der Strom fließt durch einen Bleistift und ein Stück Gurke und sogar durch eure Zunge. Aber keine Angst: Die Experimente sind völlig ungefährlich. Und vom Strom aus der Steckdose – klar, das wisst ihr ja! – lässt man ohnehin besser die Finger.

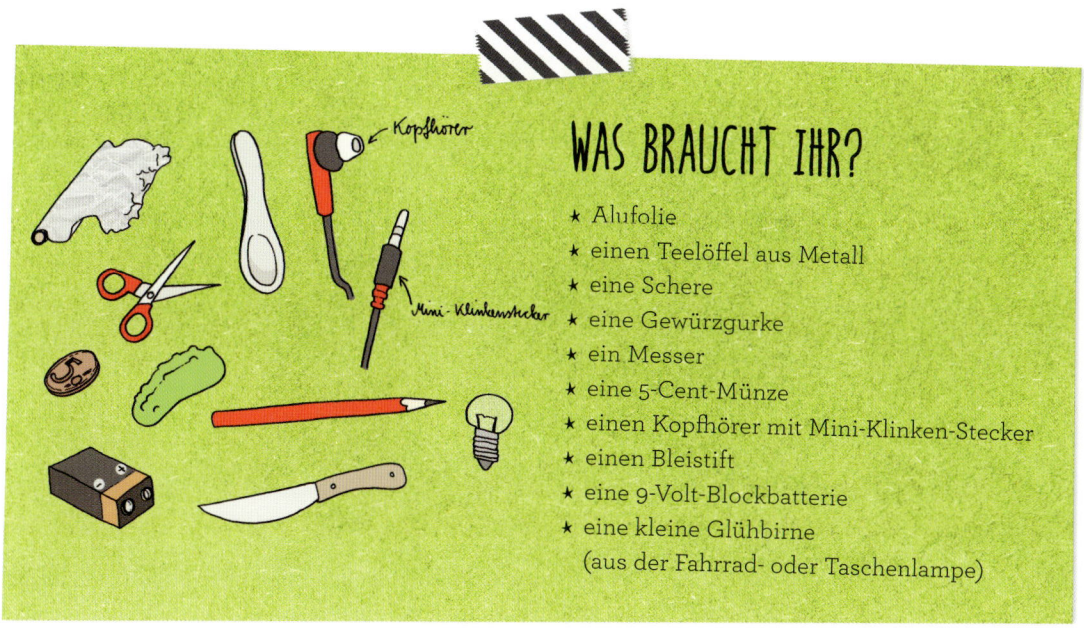

WAS BRAUCHT IHR?

★ Alufolie
★ einen Teelöffel aus Metall
★ eine Schere
★ eine Gewürzgurke
★ ein Messer
★ eine 5-Cent-Münze
★ einen Kopfhörer mit Mini-Klinken-Stecker
★ einen Bleistift
★ eine 9-Volt-Blockbatterie
★ eine kleine Glühbirne
  (aus der Fahrrad- oder Taschenlampe)

STROM AUS DER ZUNGE

Schwierigkeitsgrad

Dauer: 10 Minuten

WIE GEHT'S?

❶ Faltet ein Stück Alufolie zu einem dicken, langen Streifen.

❷ Legt euch das Ende des Streifens und ein Ende des Teelöffels an die Zungenspitze. Die beiden dürfen sich im Mund aber nicht berühren.

❸ Berührt mit dem anderen Ende des Alu-Streifens das freie Ende des Löffels.

WAS PASSIERT?

Ihr spürt ein brizzeliges Knistern an der Zunge.

Das Kribbeln auf der Zunge ist ein bisschen unangenehm. Probiert es erst mal vorsichtig.

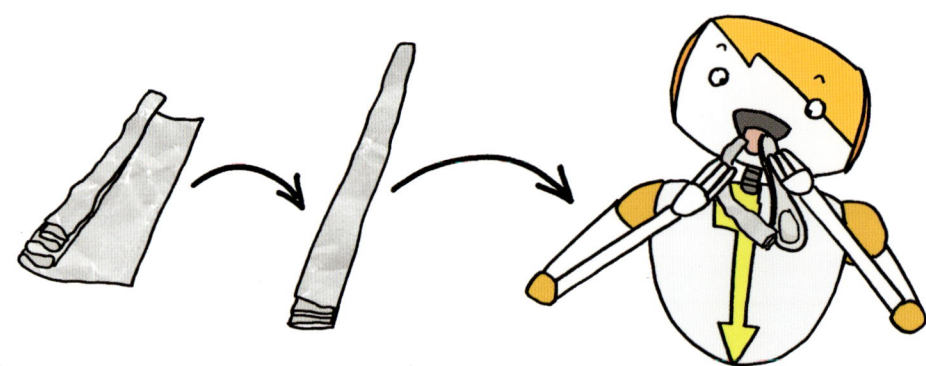

WAS STECKT DAHINTER?

In deinem Mund fließt Strom. Mit Alufolie und Stahllöffel hast du eine ganz einfache Batterie gebaut. Aluminium ist ein „unedleres" Metall als Stahl. Das heißt, wenn sich die beiden Metalle berühren, wandern Ladungen vom Aluminium zum Stahl. Die Spucke in deinem Mund leitet die Ladungen weiter. Es fließt ein elektrischer Strom. Deshalb hast du ein kribbliges Gefühl auf der Zunge.

WO GIBT'S DAS NOCH?

Diese Art von Batterie erlebt ihr auch manchmal unfreiwillig, wenn ihr Zahnfüllungen aus Metall im Mund habt. Steckt ihr z. B. ein Stück Schokolade in den Mund, an dem aus Versehen noch ein wenig von der Alu-Verpackung hängt, dann brizzelt es unangenehm im Mund. Auch hier wandern Ladungen vom Aluminium zur Metallfüllung im Zahn.

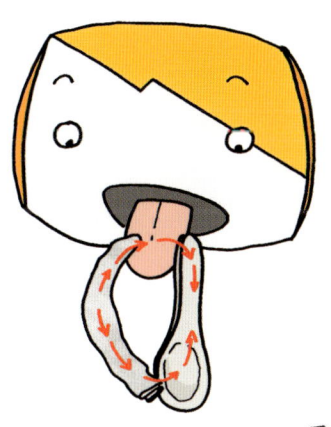

CHECKER-LISTE

* Metalle sind unterschiedlich „edel".
* Bei Berührung geben unedlere Metalle Ladungen an edlere ab.
* Wenn Ladungen sich in eine Richtung bewegen, fließt ein elektrischer Strom.

ANGEBER-WISSEN

Die Ladungen (man sagt auch „Ladungsträger"), die vom Aluminium zum Stahl fließen, heißen „Elektronen". Sie sind negativ geladen und umschwirren in einem chemischen Molekül (z. B. einem Aluminium-Teilchen) den Atomkern. Stoffe, die den Strom gut leiten, haben viele frei bewegliche Elektronen.

DIE KNISTERNDE GURKE

Schwierigkeitsgrad    Dauer: 10 Minuten

WIE GEHT'S?

❶ Schneidet ein etwa 4 x 4 cm großes Stück aus der Alufolie.

❷ Schneidet eine dünne Scheibe von der Gewürzgurke ab.

❸ Legt das Gurkenstück auf die Alufolie.

❹ Legt das 5-Cent-Stück obendrauf, sodass es ein klein wenig über die Gurkenscheibe hinausragt.

❺ Zieht den Kopfhörer auf die Ohren.

❻ Nehmt den Stecker des Kopfhörers und drückt die Spitze auf die Alufolie, ganz nah an der Münzen-Gurke.

❼ Haltet gleichzeitig den mittleren Metallring des Steckers an die Geldmünze.

WAS PASSIERT?

Im Kopfhörer ist ein Knistern zu hören.

Den Rest der Gurke dürft ihr nach dem Experiment gerne essen. Die Scheibe aus der Batterie bitte nicht.

WAS STECKT DAHINTER?

Die Gurken-Batterie erzeugt Strom! Wieder ist das Aluminium das unedlere Metall, von dem aus Ladungen hinüber in die mit Kupfer beschichtete Münze fließen. Als Leiter dient dabei die salzige Flüssigkeit in der Gurkenscheibe. Der Strom wird im Kopfhörer als Knacksen und Knistern hörbar.

CHECKER-LISTE

- ★ Aluminium gibt elektrische Ladungen an Kupfer ab.
- ★ Ein elektrischer Strom erzeugt ein Knacksen im Kopfhörer.

ANGEBER-WISSEN

Die allererste Batterie vor mehr als 200 Jahren war ganz ähnlich aufgebaut wie unsere Gurken-Batterie. Der Italiener Alessandro Volta schichtete Plättchen aus Kupfer und Zink übereinander. Statt der Gurkenscheibe nahm er Pappe, die er mit Salzwasser befeuchtet hatte. Nach Volta ist auch die Einheit für die elektrische Spannung benannt: „Volt".

PROBIERT'S MAL ...

Ihr könnt auch eine größere Batterie bauen: Besorgt euch mehrere 5-Cent-Münzen und ein paar verzinkte Unterlegscheiben aus der Werkzeugkiste. Dann immer stapeln: Unterlegscheibe – Gurkenscheibe – Münze – Unterlegscheibe – Gurkenscheibe – Münze usw. Diese Batterie gibt dann sogar genug Strom für ein kleines Radio oder einen Taschenrechner.

DIE BLEISTIFT-LEUCHTE

Schwierigkeitsgrad

Dauer: 10 Minuten

WIE GEHT'S?

❶ Haltet das eine Ende des Bleistifts an den Plus-Pol der Batterie und das andere Ende an die untere Gewinde-Spitze des Glühlämpchens.

❷ Verbindet nun mit der Schere den Minus-Pol der Batterie mit dem Gewinde des Lämpchens.

WAS PASSIERT?

Das Lämpchen leuchtet.

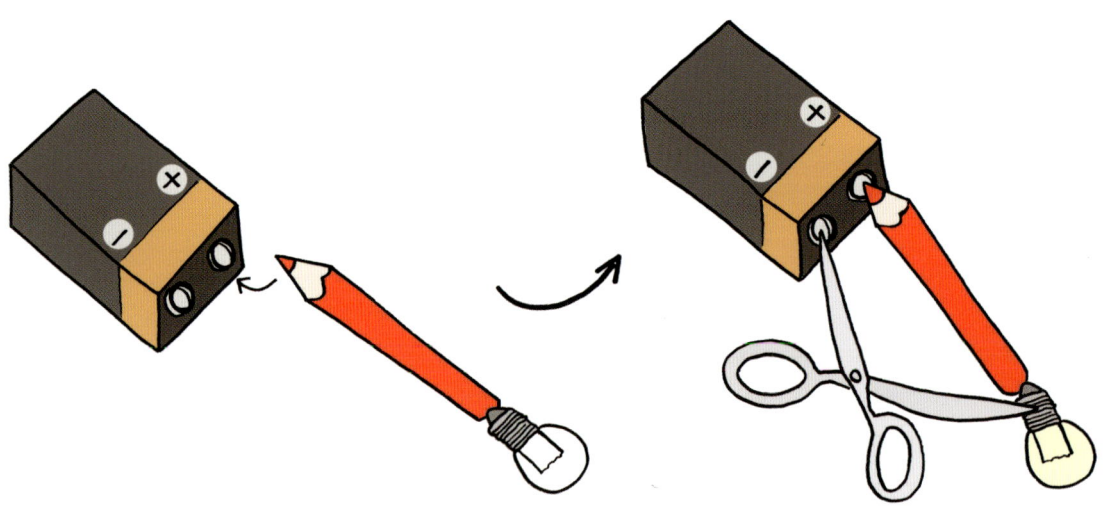

WAS STECKT DAHINTER?

Ihr habt mit Schere und Bleistift einen Stromkreis gebastelt. Dass die Metallklinge der Schere den Strom aus der Batterie leitet, habt ihr euch bestimmt gedacht, denn alle Metalle sind leitfähig. Aber auch der Bleistift mit seiner Mine aus Graphit kann elektrischen Strom leiten. So habt ihr einen geschlossenen Stromkreis: von der Batterie durch die Schere zum Lämpchen und durch die Bleistiftmine zurück zur Batterie.

Zu zweit geht es am besten! Helft einander, damit der Stromkreis auch wirklich an allen Stellen geschlossen ist.

WO GIBT'S DAS NOCH?

Ihr kanntet Graphit bisher nur vom Schreiben. Doch tatsächlich wird Graphit vor allem eingesetzt, um Strom zu leiten. In fast allen Elektromotoren gibt es Kohlebürsten aus Graphit: vom Modellauto über die Waschmaschine bis zur riesigen Windkraftanlage. Diese Graphitbürsten werden gebraucht, um den Strom zwischen den beweglichen und den festmontierten Teilen des Motors zu übertragen.

CHECKER-LISTE

★ Eine Bleistiftmine ist aus Graphit, einer Art von Kohlenstoff.
★ Graphit leitet den elektrischen Strom.

GLOSSAR

AUFTRIEB

Wenn ihr im Wasser schwimmt, wird euer Körper scheinbar leichter. Diese → Kraft nennt man Auftrieb. Sie drückt euch nach oben, wirkt also entgegen der →Schwerkraft. Je mehr Wasser ihr verdrängt, desto größer ist der Auftrieb. Das gilt auch für Schiffe. Und auch Helium-Ballons und die Bläschen aus →Kohlendioxid im Mineralwasser werden vom Auftrieb nach oben gedrückt.

DRUCK

Druck beschreibt, mit welcher →Kraft ein Gegenstand auf eine Fläche wirkt. Drückt einen Kugelschreiber einmal mit eingezogener und dann mit ausgefahrener Mine gegen euren Finger. Dabei könnt ihr es spüren: Je kleiner die Fläche ist, desto stärker ist der Druck. Auch die Luft um uns herum übt einen Druck aus. Und Wasser kommt mit Druck aus der Leitung.

ENERGIE

Wenn ihr große Lust habt zu spielen oder zu toben, dann sagt man, ihr habt viel Energie. Energie beschreibt also, ob man in der Lage ist, etwas zu leisten. Dabei gibt es Energie in vielen unterschiedlichen Formen: In einem fahrenden Auto steckt Bewegungsenergie, in einer Batterie elektrische Energie. Energie kann auch von einer Form in die andere umgewandelt werden: Ein ferngesteuertes Auto zum Beispiel kann elektrische Energie aus einer Batterie in Bewegungsenergie verwandeln.

FLIEHKRAFT

Wenn sich ein Kettenkarussell schnell dreht, fliegt ihr in euren Sitzen nach außen. Denn immer, wenn sich etwas dreht, wirkt die Fliehkraft. Sie drückt von der Drehachse, also vom Mittelpunkt, weg nach außen. Diese → Kraft ist umso stärker, je schneller die Drehung ist und je weiter man von der Drehachse entfernt ist. Zur Fliehkraft sagt man auch Zentrifugalkraft.

KOHLENDIOXID

Kohlendioxid ist ein unsichtbares Gas. Es ist zusammengesetzt aus einem Teil Kohlenstoff (chemisch abgekürzt „C") und zwei Teilen Sauerstoff (chemisch abgekürzt „O") und wird daher „CO2" abgekürzt. Bei einer Verbrennung wird Sauerstoff aus der Luft in Kohlendioxid verwandelt. Ähnliches passiert in unseren Lungen: Wir atmen Sauerstoff ein und Kohlendioxid aus.

KRAFT

Könnt ihr eine schwere Kiste wegschieben? Dann habt ihr viel Kraft. Kraft beschreibt, wie stark ein Gegenstand auf einen anderen in eine bestimmte Richtung einwirkt, also zum Beispiel ihr auf die Kiste. Es gibt viele unterschiedliche Kräfte: Die →Schwerkraft drückt etwas Schweres nach unten, die elektrische Kraft wirkt auf geladene Teilchen, mit der Magnetkraft ziehen sich zwei Magnete an.

LADUNG

Sie sind in eurem Körper, im Küchentisch, in jedem winzigen Atom: elektrische Ladungen. Die Teilchen, die diese Ladungen transportieren, nennt man Elektronen. Sind auf einem Gegenstand viele Elektronen, dann ist er negativ geladen, fehlen ihm hingegen Elektronen, dann ist er positiv geladen. Unterschiedlich geladene Dinge ziehen einander an, gleich geladene stoßen sich ab. Wenn sich Ladungen in eine Richtung bewegen, fließt ein elektrischer →Strom.

LICHT

Wenn es ganz stockdunkel ist, können wir nichts sehen. Denn zum Sehen brauchen wir Licht, und das funktioniert so: Lichtstrahlen fallen auf einen Gegenstand, ein Teil dieser Strahlen prallt wie ein Gummiball zurück und erreicht unser Auge, dadurch können wir den Gegenstand sehen. Das Licht der Sonne ist aus allen Farben des Regenbogens zusammengesetzt. Licht ist unglaublich schnell: Es legt in nur einer Sekunde 300 000 Kilometer zurück.

LUFT

Wir brauchen sie zum Atmen, aber auch zum Hören von →Tönen und sie ist erstaunlich stark: die Luft. Sie besteht aus einem Gemisch aus Gasen,

sehr viel Stickstoff und ein wenig Sauerstoff, den wir zum Atmen brauchen. Die Luft umhüllt als dicke Schicht unsere Erde. Diese Schicht übt ständig einen →Druck auf uns aus, den Luftdruck. Je höher ihr in die Berge kommt, umso geringer ist der Luftdruck.

MAGNET

Ein Magnet zieht Gegenstände aus Metall an. Er hat zwei unterschiedliche magnetische Pole. Begegnet ein Magnet einem anderen Magneten, so zieht er ihn mit dem einen Pol an, mit dem anderen stößt er ihn ab, ähnlich wie bei elektrischen →Ladungen. Auch unser Planet, die Erde, ist ein riesiger, aber ganz schwacher Magnet mit zwei Polen, dem Nord- und dem Südpol.

RÜCKSTOß

Wenn ihr einen aufgepusteten Luftballon loslasst, saust er quer durchs Zimmer. Die Luft wird nach hinten aus dem Ballon gedrückt und dadurch bewegt sich der Ballon in die entgegengesetzte Richtung, nach vorne. Diesen Effekt

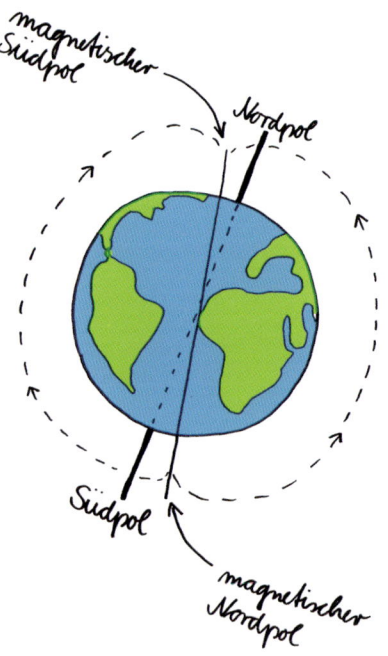

nennt man Rückstoß. Der Rückstoß ist umso größer, je größer das Gewicht und die Geschwindigkeit des Materials ist, das ausgestoßen wird.

SCHWERKRAFT

Wenn ihr einen Stift loslasst, fällt er hinunter. Auf ihn wirkt die Schwerkraft der Erde. Andere Worte für diese →Kraft sind Erdanziehungskraft und Gravitation. Die Schwerkraft entsteht durch die Masse unseres Planeten. Auf einem kleineren Himmelskörper, zum Beispiel dem Mond, ist die Schwerkraft geringer. Auch wenn wir uns von der Erde entfernen, wird die Schwerkraft immer schwächer. Wenn sie gar nicht mehr spürbar ist, spricht man von Schwerelosigkeit.

STROM

Wenn etwas gleichmäßig in eine Richtung dahinfließt, spricht man von einem Strom: ein großer Fluss oder auch ein Menschenstrom. Wenn elektrische →Ladungen sich so bewegen, nennt man das einen elektrischen Strom. Ein solcher Strom kann eine Glühlampe zum Leuchten bringen oder einen Elektromotor antreiben. Bei einem Blitz fließt ein gigantischer elektrischer Strom von den Wolken durch die →Luft zur Erde.

TON

Wenn ein Luftballon platzt, hört ihr einen lauten Knall. Das liegt daran, dass beim Platzen die → Luft rund um den Ballon kräftig zusammengedrückt wird. Und so wie sich die Wellen auf einem See ausbreiten, wenn ihr einen Stein hineinwerft, breitet sich auch diese zusammengedrückte Luft als Schwankung des Luftdrucks aus. Wenn die Schwankung euer Ohr erreicht, nehmt ihr sie als Ton wahr.

WÄRME

Wenn ihr einen Topf mit Wasser auf den heißen Herd stellt, dann führt ihr dem Wasser Wärme zu. Das heißt, die Temperatur des Wassers steigt. Wärme ist eine Form von →Energie, sie kann von einem Körper aufgenommen und abgegeben werden. Wenn ein Gegenstand sich erwärmt, dann dehnt er sich aus.

WASSER

Im Bach, im Meer, als Regen oder einfach aus dem Wasserhahn — Wasser ist überall auf der Erde und es ist für das Leben auf unserem Planeten sehr wichtig. Jedes Wasserteilchen besteht aus zwei Teilen Wasserstoff (chemisch abgekürzt „H") und einem Teil Sauerstoff (chemisch abgekürzt „O"), daher lautet die Abkürzung für Wasser „H2O". Bei 0 Grad gefriert Wasser zu Eis, bei 100 Grad kocht es und wird zu Wasserdampf. Auch wenn es sich nicht so anfühlt: Unser Körper besteht zum größten Teil aus Wasser.